Eva Wlodarek
Den richtigen Mann finden

Sechs Schritte
zur passenden Partnerschaft

Fischer
Taschenbuch
Verlag

4. Auflage: November 2000

Veröffentlicht im Fischer Taschenbuch Verlag GmbH,
Frankfurt am Main, Mai 1998

Lizenzausgabe mit freundlicher Genehmigung des
Mosaik Verlags GmbH, München
© Brigitte – Gruner + Jahr AG & Co., Hamburg 1995
Druck und Bindung: Clausen & Bosse, Leck
Printed in Germany
ISBN 3-596-14080-3

Inhalt

11 Vorwort
13 Einleitung

Erster Schritt:
17 **Die Vergangenheit aufarbeiten**

19 **Ihr Ausgangspunkt: Von wo starten Sie?**
20 Ich war noch nie mit einem Mann zusammen
21 Ich kann meine große Liebe nicht vergessen
22 Meine Trennung ist noch ganz frisch
25 Meine letzte Beziehung liegt weit zurück
   Oder: Ich komme prima allein zurecht
27 Ich habe mit Männern schlechte Erfahrungen gemacht
29 **Räumen Sie Ihr Herz auf**
31 **Jedes Problem trägt ein Geschenk in der Hand**
33 **Entdecken Sie Ihr persönliches Muster**
35 Wir lieben nach einem inneren Drehbuch
38 **Verabschieden Sie sich von überholten Leitsätzen**
39 Erkennen Sie Ihre Leitsätze
41 So bieten Sie dem Saboteur in sich Paroli
43 Sie selbst bestimmen, wie Sie sein wollen
46 **Verzeihen ist ein Schlüssel zu Ihrer Freiheit**
48 Setzen Sie Ihren Ex-Mann auf einen leeren Stuhl
50 Feiern Sie Ihren Freiraum

Zweiter Schritt:
51 **Das »wahre Selbst« finden**

53 **Ihre Erscheinung: Wie wirken Sie?**
53 Beschreiben Sie Ihr Äußeres
54 Führen Sie Ihre inneren Eigenschaften auf

55	Beurteilen Sie sich selbst
55	Lieber stolze Rose als Veilchen im Moose
57	»Es ist in Ordnung – für jetzt«
59	**Die Macht der magischen Sprüche**
60	So wird bei kleinen Mädchen die Schönheit weggehext
62	Wie unser Selbstbewußtsein Kratzer bekommt
63	Ihr Fotoalbum bringt Sie auf die heiße Spur
65	Geben Sie die Zaubersprüche zurück!
67	**Wissen Sie, wie Sie wirken?**
68	Jede Maske ist auch ein wahres Gesicht
69	Wir zeigen das, was uns vertraut ist
71	**Optische Signale unterstreichen unser Verhalten**
72	Sage mir, was du anziehst ...
74	**Senden Sie die richtigen Signale?**
75	»Dann mach ich mir 'nen Schlitz ins Kleid und pfeife auf die Sittlichkeit«
76	Signale zu verändern kostet Überwindung
78	**Wenn ich einen interessanten Mann kennenlerne, reagiere ich völlig verkrampft**
80	Der Dauersender im Kopf – wie gut ist sein Programm?
81	Identifizieren Sie Ihre inneren Stimmen
82	Geben Sie der positiven Stimme die Macht

Dritter Schritt:

| 85 | **Die inneren Blockaden abbauen** |

87	**Ergründen Sie Ihre verborgene Zwiespältigkeit**
87	Fester Wille bringt Energie
89	Sind Sie ein »Ja-aber«-Typ?
89	Eine Reise in der Zeitmaschine
91	Ambivalenz kann ein gutes Zeichen sein
93	**Wenn Sie sich hin- und hergerissen fühlen**
93	Wo liegen Ihre Prioritäten?
94	Vereinen Sie mehrere Interessen
96	Was möchten Sie für eine Partnerschaft nicht aufgeben?

99 **Die unbewußte Zwiespältigkeit**
100 Die tiefen Wurzeln der Zwiespältigkeit
102 Hinter unbewußtem Zwiespalt verbirgt sich meist Angst
103 Das Panorama Ihres Lebens
103 So bereiten Sie ein Lebenspanorama vor
104 Entspannen Sie sich
104 Die Phantasie-Reise in die Vergangenheit
106 Malen Sie Ihre Vergangenheit
107 So werten Sie Ihr Lebenspanorama aus
111 **So werden Sie Ihre Zwiespältigkeit los**
111 Sie entscheiden für jetzt – nicht für die Ewigkeit
113 Warten Sie nicht, bis Sie perfekt sind
114 Die »Als-ob«-Technik
116 Setzen Sie sich nicht mehr unter Streß
117 Haben Sie Geduld

Vierter Schritt:
119 **Das Leben bereichern**

121 **Wer da hat, dem wird gegeben**
123 **Wie verteilen Sie Ihre Energie?**
127 **Test: Neun Checklisten zu allen Lebensbereichen**
127 *1.* Arbeit – Macht sie Ihnen noch Spaß?
129 *2.* Hobbys – Was machen Sie mit Ihrer Freizeit?
131 *3.* Freunde – Was sind sie Ihnen wert?
133 *4.* Familie – Wächst sie Ihnen über den Kopf?
135 *5.* Zeit für sich – Haben Sie genug davon?
137 *6.* Entspannung – Fühlen Sie sich wohl in Ihrer Haut?
139 *7.* Persönliche Entwicklung – Treten Sie auf der Stelle?
141 *8.* Soziales Engagement – Unterstützen Sie Ihre Mitmenschen?
143 *9.* Partnersuche – Sind Sie wirklich aktiv?
145 **Erstellen Sie Ihr persönliches Energie-Programm**

Fünfter Schritt:
147 Gelegenheiten schaffen

149 **»Sag mir, wo die Männer sind …«**
150 Zahlen besagen wenig
152 **Machen Sie im Alltag die Augen auf**
154 Wie sieht Ihr Umfeld aus?
155 Erweitern Sie Ihren Aktionsradius
157 Frau mit Kind sucht …
160 **Keine Angst vor Unbekannten!**
160 Nehmen Sie sich ausnahmsweise mal nicht wichtig
162 Plaudern Sie über das, was um Sie herum passiert
163 Lassen Sie ein wenig Persönliches einfließen
163 Zeigen Sie sich interessiert
164 Machen Sie Komplimente
Oder: Provozieren Sie …
167 **Der direkte Weg – eine Kontaktanzeige**
167 Wo geben Sie am besten eine Anzeige auf?
168 So formulieren Sie Ihre Anzeige
170 Sie antworten auf eine Kontaktanzeige
171 Sie telefonieren zum erstenmal miteinander
172 Sie verabreden sich
173 Sie bereiten sich auf ein Treffen vor
174 **Das erste Treffen**
175 Wählen Sie allgemeine Gesprächsthemen
176 Wird man sich wiedersehen?
177 Wie geht es weiter?
178 Enttäuschende Begegnungen:
Verlieren Sie Ihr Selbstbewußtsein nicht!

Sechster Schritt:
179 **Die richtige Wahl treffen**

181 **Den falschen Mann vermeiden**
182 Auch der richtige Mann kann der Falsche sein
184 Wo für Sie rote Warnlämpchen angehen sollten
185 Die Unterschiede sind zu groß

185	Er ist süchtig
186	Er sieht leicht rot
187	Er hat sexuelle Probleme
188	Er ist noch nicht erwachsen
189	Er ist eifersüchtig
190	Er hängt noch an seiner Verflossenen
191	Seine Kinder akzeptieren Sie nicht
192	Er ist ein »Übergangsmann«
192	Ein erwachsener Mann ändert sich nicht
193	Suchanzeige für den falschen Mann
196	**Sagen Sie rechtzeitig nein**
196	Bleiben Sie fair
197	Lassen Sie sich keine Schuldgefühle machen
198	Lassen Sie sich nicht erpressen
199	Quälen Sie sich nicht durch Unschlüssigkeit
200	**Männer sind anders**
203	**Den Richtigen finden**
204	Wie soll er sein?
205	Eigenschaften, auf die Sie achten sollten
207	Ihre Lebenskonzepte müssen ähnlich sein
208	Märchenprinzen gibt es nicht
209	Sie wissen, wie er sein soll – und nun?
210	Das letzte Wort hat Ihre innere Stimme
211	**Zum Schluß**
213	**Anhang**
215	**Therapie-Hinweise**
215	Wo bekommen Sie therapeutische Hilfe?
216	Worauf Sie bei einer Psychotherapeutin achten müssen
217	Welche Therapieform ist die beste?
217	Wie verläuft eine Psychotherapie?
218	Vorsicht vor schwarzen Schafen
219	Anlauf-Adressen
220	**Bücherliste**

220 Für mehr Selbstbewußtsein
221 Zu Hintergründen der Partnerwahl
221 Zur Bewältigung der Vergangenheit
222 Für bessere Kommunikation zwischen
Männern und Frauen
223 Für die Suche nach dem passenden Partner

Vorwort

Eigentlich wollte ich kein Buch schreiben. Wenn ich die Ratgeber-Flut sehe, die jedes Jahr den Markt überschwemmt, fühle ich mich davon förmlich erschlagen.

Doch wenn ich die Neuerscheinungen durchsehe, entdecke ich darin auch immer wieder »Perlen«, die echte Hilfe bieten. Sie zeigen psychische Zusammenhänge auf und geben konkrete Hinweise, wie wir etwas verändern können. Susan Jeffers Buch »Selbstvertrauen gewinnen« oder Aaron Becks »Liebe ist nie genug« sind für mich z. B. solche Bücher. Ich finde es gut, daß diese Autorinnen und Autoren ihr Wissen als Lebenshilfe an andere weitergeben. Sie haben mich angeregt, die Ratgeber-Literatur denn doch um (m)einen Beitrag zu vermehren.

Mit der Frage »Wie finde ich den passenden Partner?« beschäftige ich mich schon seit vielen Jahren. In meiner psychologischen Praxis taucht sie immer wieder auf. Oft habe ich mitgelitten, wenn Klientinnen aus Einsamkeit oder weil ein Mann sie enttäuscht hatte, weinten. Am liebsten hätte ich ihren Kummer weggezaubert, aber ich wußte, daß wir gemeinsam den längeren Weg der Selbsterkenntnis gehen mußten, damit sich für sie etwas ändern würde.

Im Mittelpunkt stand das Thema in den Seminaren und Vorträgen, die ich unter dem Titel »Ich gerate immer an den Falschen« und »Von der Liebe enttäuscht – wie finde ich den richtigen Partner?« für Leserinnen von BRIGITTE hielt.

Damit Sie, liebe Leserin, den besten Nutzen aus diesem Buch ziehen können, möchte ich vorab eine Gebrauchsanweisung dazu geben:

In der Hand halten Sie ein komplettes Programm, um den passenden Partner zu finden. Die einzelnen Schritte bauen systematisch aufeinander auf.

Je nach Bedarf können Sie es unterschiedlich anwenden:

■ *1. Sie nehmen es als Arbeitsmaterial.*
Das bedeutet, daß Sie ein Selbststudium damit betreiben. Dabei gehen Sie Schritt für Schritt vor und nutzen sämtliche Übungen zur Analyse und Selbsterfahrung.

■ *2. Sie nutzen es als Handbuch.*
Jeder Schritt ist in sich abgeschlossen. Sie können deshalb die einzelnen Kapitel auch unabhängig voneinander nutzen. Suchen Sie sich aus, wo Sie ansetzen möchten. Dabei steht es Ihnen völlig frei, z. B. zu einem späteren Zeitpunkt an den Anfang zu gehen.

■ *3. Sie lassen sich anregen.*
Möglicherweise ist es Ihnen zu aufwendig, die zahlreichen Übungen durchzuführen. Dann lesen Sie einfach darüber hinweg. Lassen Sie sich von den Beispielen und psychologischen Hinweisen anregen. Auch das kann Sie weiterbringen.

In jedem Fall wünsche ich Ihnen, daß Ihnen das Buch gibt, was Sie sich davon erhoffen.

Es wäre eine bloße theoretische Abhandlung ohne die Erlebnisse und Erfahrungen der Frauen, mit denen ich zusammengearbeitet habe. Ich möchte ihnen deshalb an dieser Stelle für ihre Offenheit und für ihr Vertrauen danken. Wo ich Beispiele aus ihrem Leben verwende, habe ich die persönlichen Daten so verändert, daß eine Identifizierung ausgeschlossen ist.
Ich möchte auch meiner Lektorin Marita Heinz herzlich danken. Sie hat durch ihre Anregung und Bestätigung bewirkt, daß ich dies Buch mit Freude geschrieben habe.

Hamburg, im Dezember 1994,

Eva Wlodarek

Einleitung

Tröstet es Sie, daß die Zahl der Singles ständig wächst? Nützt es Ihnen etwas, soziologische Definitionen über alleinlebende Frauen zu lesen? Ich vermute, es ist Ihnen ziemlich egal. Mir auch. Ich finde es viel wichtiger, was Sie sich persönlich wünschen. Wenn Sie dieses Buch in der Hand halten, geht Ihre Sehnsucht wahrscheinlich in die Richtung, einen Mann zu finden, mit dem Sie glücklich werden können. Damit sind Sie wahrhaftig nicht alleine. Auch wenn es für emanzipierte Ohren ketzerisch klingen mag: Ich glaube, daß jede von uns sich im Grunde ihres Herzens einen passenden Partner wünscht, egal, wie eigenständig sie ist und wie gut sie sich ihr Leben eingerichtet hat.

Natürlich gibt es Phasen, in denen es wichtiger und lustvoller ist, allein zu leben. Vielleicht müssen wir uns nach einer gescheiterten Beziehung erholen und zu uns selbst finden. Oder wir wollen ausprobieren, wie es ist, selbständig zu sein. Das gilt nicht nur für junge Frauen, sondern auch für ältere, die vielleicht bisher immer mit Familie oder zu zweit gelebt haben und nach einer Scheidung oder dem Tod ihres Mannes auf eigenen Füßen stehen müssen.

Dann ist die Suche nach einem Partner überhaupt kein Thema, und das ist völlig in Ordnung. Es ist inzwischen zum Glück kein Muß mehr, paarweise aufzutreten. Wir können genießen, daß es immer mehr Singles gibt und daß wir Frauen immer selbstbewußter werden.

Wenn wir aber auf die Dauer Männer aus unserem Leben und Lieben ausschließen, dann meist nicht, weil wir unbedingt alleine leben wollen, sondern weil wir glauben oder erfahren haben, daß das Leben mit einem Mann uns nicht guttut. Offenbar war es bisher nicht der Richtige.

Ich weiß von mir, daß ich recht gut alleine leben kann. Ein Single-Dasein würde ich jederzeit einer Partnerschaft vorziehen, in der ich privat oder beruflich eingeengt, schlecht behandelt, kleingemacht oder ausgenutzt werde. Ich hätte auch keine Lust, mich mit einem Mann zu langweilen, für ihn die Mutter zu sein oder sonst eine Rolle zu spielen. Entweder eine befriedigende Partnerschaft – oder gar keine. Ich vermute, Ihnen geht es ebenso.

Keinen Mann zu haben, können wir ja auch sehr genießen. Wir können uns frei entfalten. Niemand redet uns in unser Leben hinein. Das geht bis in Kleinigkeiten: Wir können uns die Haare kurz schneiden, unser ganzes Geld für ein Kleid ausgeben, in eine andere Stadt ziehen. Niemand ist sauer, daß wir zu spät nach Hause kommen, keiner tönt uns die Ohren voll, wenn wir von einem langen Tag im Büro gestreßt sind. Wir sind frei. Beneidenswert, finden unsere Freundinnen mit Partner.

Aber Alleinsein kann auch weh tun: Wenn an einem warmen Sommerabend in Kneipen und Cafés offenbar nur Paare sitzen. Wenn uns Silvester keiner zärtlich in die Arme schließt. Wenn wir gerne ein Kind hätten, aber nicht ohne Vater. Wenn die beste Freundin heiratet. Wenn wir krank sind und uns keiner tröstet. Oder auch wenn einfach niemand da ist, der sich mitfreut.
Diese Art Einsamkeit können auf die Dauer selbst ein großer Freundeskreis und ein interessanter Beruf nicht auffangen. Sie entsteht, weil in einem wichtigen Bereich unseres Lebens Liebe fehlt. Liebe ist Nahrung für unsere Seele. Wenn die Beziehung gut ist, fühlen wir uns geborgen und wissen, wohin wir gehören. Deshalb behaupte ich, daß wir uns fast alle nach einem passenden Partner sehnen.

Ich habe viele Freundinnen und Klientinnen, die richtig gute Frauen sind. Sie sehen attraktiv aus, sind souverän und interessant. Sie leben solo und sind nun an einem Punkt, wo sie sagen: »Ich will nicht mehr allein sein.« Nur geht es nach diesem inneren Start plötzlich nicht mehr weiter. Sie begegnen Männern, die gefühlskalt, bindungsscheu oder verheiratet sind. Oder sie begegnen überhaupt keinen Männern, die sie interessieren. Gelegentlich treffen sie auch auf solche, die sie zwar selbst gut finden, von denen sie aber nicht beachtet werden.

Wenn uns so etwas immer wieder passiert, versuchen wir es rational zu erklären. »Männer können keine starken Frauen vertragen.« »Wo soll ich denn bei meinem Beruf schon jemanden kennenlernen?« »Wenn man über dreißig ist, sind die guten Männer alle vergeben.« Solche Erklärungen haben eines gemeinsam: Sie verlagern die Gründe nach außen.

Ich glaube nicht daran, daß wir Opfer der Umstände sind. Auch wenn die Bedingungen vielleicht nicht optimal sind, haben wir viel mehr Macht, als wir ahnen: Wir bestimmen über unser Denken, über unsere Einstellung. Wir bestimmen darüber, wieviel Energie wir einsetzen wollen. Und wir bestimmen darüber, ob wir die Fertigkeiten und Kenntnisse erwerben wollen, die uns noch fehlen.

Ich bin fest davon überzeugt: Wenn Sie den passenden Partner bis jetzt nicht gefunden haben, obwohl Sie es sich bewußt wünschen, liegt das an Ihnen. Fassen Sie das bitte nicht so auf, als wäre es Ihre Schuld. Mit Schuld hat das absolut nichts zu tun, nur damit, daß offenbar bisher vielfältige Gründe in Ihnen dagegenstehen.

Haben Sie es auf anderen Gebieten nicht schon erlebt, daß eine gute Gelegenheit, z. B. eine neue Wohnung oder ein anderer Arbeitsplatz, genau in dem Moment auf Sie zukam, als Sie innerlich dazu bereit waren? In der Liebe funktioniert es nach demselben Prinzip. Glücklicherweise. Denn wenn es stimmt, daß die Ursachen in Ihnen liegen, erhalten Sie damit eine großartige Chance: Sie haben es selbst in der Hand, etwas dafür zu tun, daß sich Ihr Herzenswunsch erfüllt.

Mit diesem Buch möchte ich Ihnen das Handwerkszeug dazu geben. Ich habe sämtliche psychologischen und praktischen Kenntnisse hineingesteckt, die ich im Laufe meines Lebens und meiner Arbeit mit vielen Frauen als wichtig erkannt habe. Ich wünsche Ihnen von Herzen, daß Sie sie gut nutzen können.

Erster Schritt
Die Vergangenheit aufarbeiten

Ihr Ausgangspunkt:
Von wo starten Sie?

Am Eingang von Etora, einem Seminarzentrum auf Lanzarote, steht der Spruch: »Wenn du vorwärts kommen willst, mußt du dich erst einmal umdrehen.« Das gilt auch für die Liebe, denn Gefühle und Einstellungen, die aus der Vergangenheit stammen, bestimmen mit, was uns in einer Beziehung passieren wird. Wenn wir beispielsweise fest davon überzeugt sind, daß alle Männer egoistisch sind, dann interpretieren wir auch ganz normale Wünsche eines Mannes als Ausdruck seiner Selbstsucht und ziehen uns empört zurück. Oder wenn uns schon in der Pubertät jemand eingeredet hat, wir seien unattraktiv, verhalten wir uns entsprechend und erleben, daß die Männer uns tatsächlich nicht besonders anziehend finden. Marianne Williamson faßt in ihrem Buch »Rückkehr zur Liebe« diese Zusammenhänge in einem treffenden Satz zusammen: »Der Gedanke ist die Ursache, die Erfahrung ist die Wirkung.« Aus diesem Grund ist es auch für eine zukünftige Partnerschaft wichtig, daß wir erst einmal zurückschauen. Wir kommen nicht um die Frage herum: Bin ich wirklich innerlich frei für eine Beziehung?

Bevor wir uns jedoch auf den Weg in die Vergangenheit machen, sollten wir uns erst einmal anschauen, wo wir gerade stehen.
Von wo starten Sie jetzt, wo Sie dieses Buch in der Hand halten? Die folgenden Ausgangspunkte kommen nach meiner Erfahrung besonders häufig vor. Vielleicht finden Sie sich in einem wieder oder lassen sich davon anregen.

Ich war noch nie mit einem Mann zusammen

Freie Sexualität gilt – von der Aidsgefahr abgesehen – als normal. Da ist es kein Wunder, wenn eine Frau nur ungern zugibt, daß sie noch nie mit einem Mann geschlafen hat oder noch nie einen festen Freund hatte. Zu groß ist die Furcht, belächelt, für merkwürdig oder altjüngferlich gehalten zu werden. Dabei betrifft es viel mehr Frauen, als man glaubt – und wahrhaftig keine Mauerblümchen, sondern attraktive Frauen. Es gibt jedoch keinen Grund, sich nur deshalb abzuwerten, weil man bisher noch keinen passenden Partner gefunden hat.

Wie Thea, die an einem meiner Seminare teilnahm. In der liebevollen Atmosphäre zwischen uns Frauen erzählte sie zum erstenmal, daß sie noch nie eine feste Bindung hatte. Sie stammt aus einem streng katholischen Elternhaus und mußte sich als junges Mädchen nach den Moralvorstellungen ihrer Eltern richten. Später, als diese für sie nicht mehr verbindlich waren, fand sie nicht gleich den passenden Partner. Je älter sie wurde, desto unangenehmer wurde ihr der Gedanke, einem Mann sagen zu müssen, sie sei mit ihren neunundzwanzig Jahren noch Jungfrau. Inzwischen vermied sie von vornherein jeden näheren Kontakt, zog sich zurück, sobald jemand ernsthaft Interesse zeigte, und konzentrierte sich vorwiegend auf ihren Beruf.

Verständlich, daß sich Thea immer weniger traut, einen Mann näher an sich heranzulassen: Wenn ich noch nie eine enge Bindung eingegangen bin, kann die Furcht davor unter Umständen übergroß werden. Es erfordert immer mehr Mut, mich mit meinen Ängsten zu offenbaren.

Im Seminar arbeiteten wir mit Thea daran, daß sie sich nicht länger selbst unter Druck setzen soll. Sie muß ja nicht gleich die größte Hürde nehmen und eine feste Beziehung anknüpfen. Durch diesen Anspruch verkrampft sie sich nur. Statt dessen soll sie einfach gut mit sich umgehen und erst einmal Lockerheit gewinnen. Unbeschwert ausgehen und absichtslos flirten – das waren erste Schritte, mit denen sie sich anfreunden konnte.

Daß Sie noch nie mit einem Mann geschlafen haben oder noch nie eine feste Bindung eingegangen sind, heißt nicht, daß Sie keine Erfahrung mit Männern haben. Viele Männer, denen Sie bisher in Ihrem Leben begegnet sind, z. B. Ihr Vater, Ihre Brüder, Freunde, haben Ihr Männerbild geprägt. Diesen Einfluß lohnt es sich anzuschauen.

Ich kann meine große Liebe nicht vergessen

Wir glauben oft, wer einmal die große Liebe erlebt hat, weiß genau, was er sucht, und hat es deshalb besonders leicht. Es kann aber auch im Gegenteil so sein, daß sich diese Erfahrung eher hemmend auswirkt.

Vor neun Jahren lernten sich Helen und Ralf kennen. Ralf wurde als Lehrer an dieselbe Schule wie Helen versetzt. Es dauerte kein halbes Jahr, dann machte Ralf Helen einen Heiratsantrag. Beide waren glücklich, obwohl sie wußten, daß es ein Glück auf Zeit sein würde. Ralf war Bluter. Sechs Jahre dauerte ihre Ehe, dann starb Ralf.

Seitdem lebt Helen allein. Zwar gibt es immer mal wieder jemanden, der sich für sie interessiert, aber Helen findet an jedem etwas auszusetzen. Der eine ist zu unsensibel, der andere hat nicht die passende Bildung, ein dritter wohnt zu weit weg. Im Grunde lebt Helen mit Ralf weiter. Äußerlich erkennt man es daran, daß seine Fotos noch überall in der Wohnung hängen und daß die Einrichtung sich seit der gemeinsamen Zeit kaum verändert hat. Im Grunde sucht Helen einen zweiten Ralf. Den aber gibt es nicht.

Wir müssen keine trauernde Witwe sein, um von einer großen Liebe blockiert zu werden. Die Jugendliebe, die wir nicht vergessen können, oder der romantische Urlaubsflirt können eine ähnliche Wirkung erzeugen. Oder der Mann, der zu weit weg wohnt.

Katrin hat sich bei einem Wissenschaftler-Austausch in einen Amerikaner verliebt. Nach sechs Monaten mußte George wieder zurück nach Boston. Seitdem steigt Katrins Telefonrechnung, und sie gibt ihr ganzes Geld für Flüge aus. Die Chancen, daß sie beide einmal zueinanderkommen, sind jedoch sehr gering. In letzter Zeit hat Katrin den Eindruck, daß George sich von ihr zurückzieht. Er ruft kaum an, und wenn, dann redet er nur über ganz allgemeine Dinge. Sie vermutet, daß er eine andere Frau kennengelernt hat. Mit dieser Vorstellung quält sie sich, findet aber nicht die Kraft, die Verbindung zu beenden. Solange Katrin an George hängt, sind andere Männer in der Nähe für sie uninteressant.

Falls durch äußere Umstände eine glückliche Beziehung in die Brüche gegangen ist oder wenig Chancen hat, ausgelebt zu werden, messen wir möglicherweise jeden neuen Partner an dem (alten) Ideal. In dem Fall sollten wir uns wirklich fragen, ob wir den Rest unseres Lebens mit der Liebe zu einem Phantom verbringen möchten. Vielleicht ist es besser, sich mit Dankbarkeit für die schöne Zeit innerlich zu verabschieden und wieder frei zu werden.

Meine Trennung ist noch ganz frisch

Wenn die Trennung ganz frisch ist, gelingt es uns selten, einen klaren Blick zurück zu werfen. Bevor wir die Vergangenheit aufarbeiten, braucht die Trauer erst einmal ihre Zeit. Wir würden uns selbst vergewaltigen, wollten wir alles möglichst schnell bewältigen und vergessen. Ohnehin glauben wir in diesem Stadium meist, daß wir nie im Leben wieder froh sein werden.

Ich erinnere mich noch gut an meinen ersten heftigen Liebeskummer. Damals glaubte ich, nie wieder so eine Liebe zu finden, wie ich sie gerade verloren hatte. Mit dem Fahrstuhl fuhr ich in den dreizehnten Stock des Hochhauses, in dem ich wohnte, und starrte verzweifelt in die Tiefe. Zum Glück hatte ich nicht den Mut, auf diese Weise meinen Schmerz zu beenden.

Die Erfahrung zeigt, daß die Lage nach einer Trennung keineswegs so hoffnungslos ist, wie sie scheint. Aus psychologischer Sicht gibt es einen typischen Verlauf, bestimmte Phasen, in denen man allmählich aus dem tiefsten Tal langsam wieder in die Höhe steigt. Natürlich laufen sie nicht strikt nach Konzept ab. Zeitweilig vermischen sie sich oder wechseln abrupt. Auch wie lange wir in jeder verharren, ist unterschiedlich. Im großen und ganzen jedoch folgen die Phasen deutlich aufeinander. Wenn wir sie kennen, können wir sie sozusagen als Leuchtturm im chaotischen Meer der Gefühle nutzen. Deshalb möchte ich sie hier ganz allgemein beschreiben:

In der ersten Phase sind wir geschockt und wollen die Gefahr der Trennung nicht wahrhaben. Wir sind davon überzeugt: »Es ist nur eine vorübergehende Krise. Er liebt mich doch. Er überlegt sich das noch. Er kommt wieder zu mir zurück.« In unserem Gedächtnis sind noch sämtliche Gemeinsamkeiten gespeichert, alle schönen Erinnerungen und Zukunftspläne. So plötzlich lassen sich diese Gedanken nicht verändern. Sie laufen gleichsam automatisch ab. Inständig wünschen wir uns, es wäre nur ein böser Traum, und versuchen mit allen Mitteln, den anderen doch noch umzustimmen.

In der zweiten Phase brechen heftige Gefühle auf. Wenn wir erkennen, daß es tatsächlich kein Zurück mehr gibt, kommt die Verzweiflung. Wir quälen uns mit Bildern, mit Szenen aus der Vergangenheit und mit Phantasien, z.B. daß der geliebte Mann eine andere Frau zärtlich umarmt. Unser ganzer Körper reagiert heftig. Wir können uns schwer konzentrieren, wälzen uns schlaflos hin und her oder möchten am liebsten gar nicht mehr aufstehen. Jeder Bissen bleibt uns im Halse stecken, oder wir stopfen vor Kummer viel zu viel in uns hinein. Mit Alkohol, Tabletten oder Zigaretten versuchen wir, den Schmerz zu betäuben. Letztlich hilft alles nichts. In unsere Depression mischen sich auch zornige Gefühle. Wir könnten den Kerl umbringen, weil er uns das angetan hat. Je nach Temperament ziehen wir uns zurück oder stürzen uns in hektische Aktivitäten.

In der dritten Phase orientieren wir uns neu. Langsam geht es aufwärts. Es gibt Tage, an denen wir wieder lachen können, an denen wir abends plötzlich feststellen: »Heute habe ich ja gar nicht an ihn gedacht.« Nach und nach gewinnen wir wieder Freude am Leben und entwickeln ein neues Interesse an unserer Umwelt.

In der vierten Phase entsteht ein neues Lebenskonzept. Wir haben die Realität akzeptiert und wissen nun: Das Leben geht auch ohne den ehemaligen Partner weiter. Die Arbeit erhält einen bedeutenderen Stellenwert, wir verabreden uns mit Freunden. Ganz allmählich können wir uns sogar vorstellen, wieder eine Beziehung einzugehen. Die Krise ist überwunden.

Alle vier Phasen zusammen nennen wir »Trauerarbeit«. Dieses nicht besonders schöne, aber passende Wort besagt, daß wir keine dieser Phasen überspringen dürfen. Sämtliche damit verbundenen Gefühle sollen ausgelebt und ausgedrückt werden, um sie auf diese Weise zu überwinden. Zum Glück haben wir Frauen das etwas besser gelernt als die Männer.

Gute Freunde sind in der Krise Gold wert. Bei ihnen können wir uns aussprechen und ausweinen. Aber wir dürfen sie auch nicht überstrapazieren. Immer und immer wieder das gleiche Klagelied zu hören, macht selbst die beste Freundin auf die Dauer mürbe. Schließlich gibt es noch andere Möglichkeiten, z. B., sich mit eigenen Mitteln zu helfen. Vor allem das Tagebuchschreiben hat sich sehr bewährt. Es hat zudem den Vorteil, daß wir immer wieder schwarz auf weiß nachlesen können, wie weit wir uns bereits an den Haaren aus dem Sumpf der Trauer gezogen haben. Sinnvoll ist es auch, sich eine psychotherapeutische Begleitung zu suchen. In der Fachsprache nennt man das »Krisenintervention«. Zu Recht, denn jede mit Schmerz verbundene Trennung ist eine tiefe Krise, die wir nicht unbedingt tapfer alleine bewältigen müssen. Eine Krise ist immer auch eine Chance zur positiven Veränderung. Es ist sehr erleichternd, dabei kompetent unterstützt zu werden. Keine Sorge, das bedeutet nicht, daß Sie sich auf eine lange Therapie einlassen müssen! Ich habe in meiner Praxis viele Frauen so lange begleitet, bis sie ihre Trauer überwunden hatten und mit Mut und Hoffnung alleine weitergehen wollten. Das hat meist zwischen drei Monaten und einem Jahr gedauert.

Meine letzte Beziehung liegt weit zurück
Oder: Ich komme prima allein zurecht

Nehmen wir mal an, Ihre letzte feste Beziehung liegt schon Jahre zurück. Inzwischen haben Sie sich gut mit sich selbst eingerichtet. Ihre Arbeit macht Ihnen Spaß, Sie haben einen netten Freundeskreis. Natürlich wäre manches zu zweit schöner, aber sollen Sie sich tatsächlich wieder in Abhängigkeit begeben und sich den üblichen Streß mit der Partnerschaft aufladen?
Hilde hat dazu jedenfalls keine Lust. Sie ist seit sieben Jahren geschieden. Neulich hat sie ihren fünfundvierzigsten Geburtstag gefeiert. Es war ein schönes Fest, ihre Gäste haben sich gut unterhalten. Das Besondere war: Hilde hatte nur Frauen eingeladen. »Ich kenne jede Menge toller Frauen«, sagte sie. »Gute Männer kenne ich kaum.« Also hat sie konsequent eine Frauenparty veranstaltet.

Wunderbar, wenn Sie alleine klarkommen. Das ist eine der besten Voraussetzungen, um sich in Ruhe und ohne Hektik den passenden Partner zu suchen. Nur wer mit sich allein sein kann, ist für die Zweisamkeit reif, meinen Paartherapeuten. Allerdings birgt das auch eine Tücke: Es kann unter Umständen so gut klappen, daß Sie zu keinem Kompromiß mehr bereit sind. Sie können es sich leisten, die Meßlatte, an der ein zukünftiger Partner gemessen wird, hoch anzulegen. Die Folge davon ist oft Resignation, denn Idealmänner sind selten.

Die Frage ist nur, inwieweit bei der Einstellung »Ich habe es nicht nötig, Kompromisse zu machen« nicht doch der Schatten der früheren Beziehung eine geheime Rolle spielt. Viele von uns haben einfach keine Lust, noch einmal das zu erleben, was sie hinter sich haben: Sie wollen nicht mehr eingeengt, mißbraucht oder lieblos behandelt werden. Möglicherweise übersehen sie dabei, daß sie heute nicht mehr die Frauen von damals sind und sich inzwischen einem Partner gegenüber ganz anders verhalten würden.

Je besser wir alleine zurechtkommen, desto geringer ist der Druck, sich ernsthaft einen neuen Partner zu suchen. Das gilt besonders, wenn wir mit anderen Menschen zusammenleben und dadurch unser Alleinsein weniger stark spüren. Zum Beispiel, wenn Sie noch bei Ihren Eltern oder in einer Wohngemeinschaft wohnen. Auch vielen alleinerziehenden Müttern geht es so. Die Kinder fordern so viel Zeit und Fürsorge, daß sie ohnehin wenig Freiraum für einen Partner lassen. Darüber hinaus schenken sie auch Liebe und Zärtlichkeit. Mit älteren Kindern kann eine Mutter schon recht vertraut sprechen. So werden große Mädchen leicht zu guten Freundinnen und halberwachsene Jungen zum selbstbewußten »Mann im Haus«.

Ähnliches passiert mit einer platonischen Liebe. Sie kann als Ersatz herhalten: Heidrun arbeitet in einem Krankenhaus. Mit ihrer Arbeit ist sie glücklich, findet aber, daß sie Pech in der Liebe hat. Entweder gerät sie an verheiratete Männer oder an solche, die sich nicht binden wollen. Wenn es Heidrun dann schlechtgeht, ruft sie Jürgen an. Jürgen ist ein guter Freund, der ebenfalls alleine lebt. Meist hat er für sie Zeit, nicht nur, wenn sie Rat oder Trost sucht. Er geht auch gerne mit ihr ins Kino oder ins Konzert. Beide haben sogar schon einige schöne Urlaubsreisen zusammen gemacht. Sexuell spielt sich allerdings zwischen ihnen nichts ab, denn bei aller Zuneigung besitzt Jürgen für Heidrun wenig erotische Anziehungskraft.

Vielleicht sehnen Sie sich wie Heidrun nach einem Mann, mit dem Sie zusammenleben können, entwickeln aber im Grunde kein echtes Bedürfnis danach. Durch Ihre platonische Liebe genießen Sie alle Annehmlichkeiten einer festen Beziehung, ohne sich dafür groß anstrengen zu müssen. Mit diesem Gleichgewicht läßt es sich lange als Single leben, selbst wenn man es eigentlich gar nicht möchte.

Ich habe mit Männern
schlechte Erfahrungen gemacht

Wer von uns hat nicht in der Vergangenheit schon schmerzliche Erfahrungen machen müssen? Danach fühlen wir uns meist hin- und hergerissen. Die Angst vor einer neuen Beziehung ist genauso groß wie die Sehnsucht danach. Und je schlimmer das Erlebnis, um so größer ist die Angst vor einer Wiederholung:
So ging es jedenfalls Astrid mit ihrem Mann Dieter. In der ersten Therapie-Sitzung erzählte sie ihre Geschichte: Astrid konnte es nicht fassen. Vor ihr standen Dieter und ein junges Mädchen. »Das ist Iris, eine Studentin aus meinem Kurs«, sagte Dieter lässig. Er ist Dozent an der Uni. »Ich habe Iris zum Abendessen eingeladen, du hast doch nichts dagegen?« Am liebsten hätte Astrid den beiden die Tür vor der Nase zugeknallt, aber sie zwang sich eisern zu einem Lächeln und stellte noch einen Teller auf den Tisch. Als sie Dieter später Vorhaltungen machte, nannte er sie spießig und krankhaft eifersüchtig. Auf Astrids hartnäckiges Bohren gab er zu, daß er mit Iris ein Verhältnis hatte. Das wollte er auch nicht beenden. »Ich liebe nur dich«, beschwichtigte er Astrid, »aber ich brauche eben meine Freiheit.«
Astrid versuchte, großzügig zu sein, aber irgendwann hielt sie es nicht mehr aus und ließ sich scheiden. Sie zog in eine kleine Wohnung, kümmerte sich vor allem um ihren Beruf und blendete Männer erst einmal aus. Sie wollte nicht noch einmal so verletzt werden.
Inzwischen sehnt sie sich nach Wärme und Geborgenheit, sie möchte nicht für alle Zeit alleine bleiben. Gleichzeitig hat sie große Angst davor, noch einmal solche seelischen Schmerzen zu erleben. Sie hat viel Selbstbewußtsein verloren. Außerdem traut sie sich selbst nicht mehr. Was ist, wenn sie wieder auf den Falschen hereinfällt?

Wenn eine Liebe in die Brüche gegangen ist, sehen wir das meist als persönliches Versagen an oder erleben es als schmerzende Enttäuschung. Das geht vor allem uns Frauen so, weil wir gelernt haben, die Schuld eher bei uns zu suchen als bei anderen. Es gibt aber auch die Möglichkeit, das Geschehen als Herausforderung und wichtigen Schritt zur eigenen Entwicklung zu betrachten.

Räumen Sie Ihr Herz auf

So verschieden die Ausgangspunkte für uns auch sein mögen, in einem stimmen sie alle überein: Unsere Erfahrungen haben Spuren und oft auch Narben zurückgelassen. Die schmerzen immer wieder und schränken unsere innere Bewegungsfreiheit ein, wenn wir eigentlich für eine neue Liebe offen sein möchten. Deshalb lohnt es sich in jedem Fall, zu überlegen, welche davon uns weiterhin bestimmen sollen. Fangen wir also an, unser Herz aufzuräumen, das heißt, unsere vergangenen Beziehungen auszuwerten und innerlich einen Schlußstrich darunter zu setzen.

Natürlich können wir einfach in Ruhe darüber nachdenken, welche Männer wir noch innerlich mit uns herumtragen. Dazu können wir sie vor unserem inneren Auge Revue passieren lassen. Anschaulicher ist es jedoch, wenn wir diese Überlegungen auch optisch sichtbar machen. Diesen Vorteil bietet die »Landkarte des Herzens«. Mit ihrer Hilfe sehen Sie auf einen Blick, wo Sie wieder eine freie Fläche schaffen müssen.

■ Nehmen Sie ein Blatt Papier, mindestens DIN-A4. Malen Sie darauf groß den Umriß eines Herzens.

■ Schreiben Sie in das Herz die Namen der Männer, die Ihnen heute – im positiven oder negativen Sinne – noch gefühlsmäßig wichtig sind. Das müssen nicht nur Männer sein, mit denen Sie ein Liebesverhältnis hatten. Es können auch alle die sein, die Ihre Sicht der Beziehung von Mann und Frau geprägt haben.

■ Geben Sie jedem Mann ein Feld, das der Größe seiner Bedeutung entspricht. Versehen Sie ihn mit einem Plus für positive oder einem Minus für negative Erfahrung.

Solch eine Karte kann etwa so aussehen:

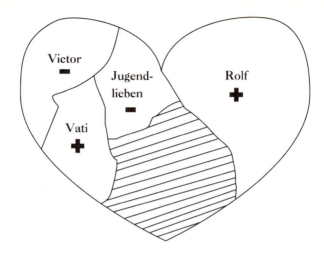

- Überlegen Sie nun: Wen müssen Sie aus Ihrem Herzen streichen, damit Sie Platz für einen neuen Mann haben?

Es wird Ihnen vermutlich gar nicht so leichtfallen, einen Namen ruckzuck auszuradieren. Schließlich gehört die Erinnerung daran, im Guten wie im Bösen, zu Ihrer Geschichte. Es geht auch gar nicht darum, daß Sie sich nicht mehr erinnern dürfen, sondern daß das Bild der Männer in Ihrem Herzen, in Ihren Gefühlen, keine Rolle mehr spielt. Indem Sie Ihr Herz von Ballast befreien, schauen Sie nicht länger rückwärts in die Vergangenheit, sondern mit neuem Mut nach vorn in die Zukunft.

Denken Sie daran: Es ist keineswegs so, daß diejenigen, deren Name mit einem Plus versehen sind, sich weiterhin ganz ungehindert in Ihrem Herzen breitmachen dürfen. Schließlich können ja auch ideale Erfahrungen hemmen. Solange das Bild im Herzen sehr lebendig ist, ist der Platz besetzt.

Jedes Problem trägt ein Geschenk in der Hand

Erfahrungen, die unsere Gegenwart überschatten, lassen sich nicht auslöschen, wohl aber neutralisieren oder, noch besser, für unsere persönliche Entwicklung fruchtbar machen. So unglaublich es klingt: Schmerzliche und frustrierende Erfahrungen sind ein ebenso wertvolles Geschenk wie gute. Um es annehmen zu können, müssen wir jedoch umdenken und die Vergangenheit im Sinne des Sprichwortes »Jedes Problem trägt ein Geschenk in der Hand« deuten.

Die amerikanische Paartherapeutin Daphne Rose Kingma betont in ihrem Buch »Die Zeit nach der Liebe« diesen Aspekt besonders: »Nach jeder Beziehung bleibt eine Hinterlassenschaft zurück, die man anerkennen muß. Sie setzt sich aus den Geschenken zusammen, die man sich gegenseitig gemacht hat. Dazu gehört alles, wovon man profitiert hat und was man daraus gelernt hat. Hat man eine Wandlung durchgemacht, so ist auch das auf die Beziehung zurückzuführen und somit dem Partner zu verdanken.«

Das können Sie selbst überprüfen. Die Münchner Psychotherapeutin Nina Larisch-Haider hat dazu Fragen zusammengestellt, die ich sehr sinnvoll finde:
Nehmen Sie für jeden Partner, der Sie heute noch gefühlsmäßig beschäftigt, ein extra Blatt Papier. Wenn Sie noch nie einen Partner hatten, setzen Sie einfach diejenigen Männer ein, die für Sie wichtig und prägend waren, z. B. Ihren Vater, den Bruder oder Lehrer. Beantworten Sie nun bitte die folgenden Fragen:

■ *Was habe ich in dieser Beziehung gelernt?*
Z. B.: daß ich stark bin; daß Sex Spaß macht; daß ich eine Trennung überlebe; welche Art Mann ich wirklich brauche

■ *Was habe ich meinem Partner gegeben?*
Zärtlichkeit; Loyalität; Geld; meine Kontaktfreude und Lebendigkeit; mein Vertrauen

■ *Was hat mir mein Partner gegeben?*
Sex; Schutz vor dem Alleinesein; er hat mir Wissensgebiete und Interessen eröffnet

Werden Sie sich nun darüber klar, was Sie nicht bekommen und selbst noch nicht entwickelt haben:

■ *Was habe ich in dieser Beziehung nicht gelernt?*
Etwa: klare Forderungen zu stellen; mich durchzusetzen; meinen Freundeskreis aufrechtzuerhalten; Eigenständigkeit

■ *Was habe ich meinem Partner nicht gegeben?*
Zeit; Anerkennung; Herausforderung; berufliche Unterstützung

■ *Was hat mir mein Partner nicht gegeben?*
Treue; Lebensfreude; Wärme; Komplimente

■ *Was habe ich meinem Partner vorgeworfen?*
Er sprach nie über Gefühle; er sabotierte meine beruflichen Pläne; er wollte kein Kind

■ *Welche Vorwürfe hat er mir gemacht?*
Ich würde ihn bedrängen; ich sei egoistisch; ich ließe mich gehen; ich sei träge; ich würde Männer verachten

Auf diese Weise erhalten Sie einen guten Überblick darüber, was Sie bereits gelernt haben und was Sie – mit dem Ziel einer besseren Partnerschaft – in Zukunft ändern möchten.

Entdecken Sie Ihr persönliches Muster

Es kann sein, daß Sie in der Übersicht ein bestimmtes Muster feststellen.

Irene wurde beim Blick auf ihre Liste klar, daß sie sich in ihrem geschiedenen Mann einen interessanten, aber unzuverlässigen Menschen ausgesucht hatte. Von ihm bekam sie zwar die Anregung, die sie sich wünschte, doch nicht die Geborgenheit und Sicherheit, nach der sie sich ebenfalls sehnte. Sie selbst gab ihm Halt und Bewunderung, zeigte aber wenig Eigeninitiative.

Nachdem Irene das durchschaut hatte, bemühte sie sich bewußt, genau die Eigenschaften zu entwickeln, die sie an ihrem Ex-Mann bewunderte. Sie unternahm mehr, gestaltete ihr Leben interessanter und wartete nicht mehr darauf, daß ein anderer das für sie tat. Dadurch mußte sie nicht länger nach einem »flippigen« Partner suchen, zu dessen Charakter es offenbar auch gehörte, nicht treu zu sein. Sie wurde für einen zuverlässigeren Typ Mann offen, den sie früher als langweilig abgewertet hatte.

Ein Muster wird besonders deutlich, wenn Sie mehrere Beziehungen vergleichen können:
Legen Sie die einzelnen Blätter nebeneinander und schauen Sie, ob sich bei den jeweiligen Punkten Ähnlichkeiten in Ihrem Verhalten oder dem der Partner ergeben.

Solche Konzepte, die unser Denken, Fühlen und Handeln bestimmen, entwickeln sich oft unbemerkt aus Einflüssen in unserer Kindheit. Dabei sind bestimmte Bedingungen im Elternhaus besonders geeignet, ein negatives Muster zu fördern. Natürlich müssen sie sich nicht in jedem Fall schädlich auswirken, tun es erfahrungsgemäß jedoch häufig.

In ihrem Buch »Wenn Frauen zu sehr lieben« führt Robin Norwood besonders starke derartige Einflüsse auf, die häufiger vorkommen, als man glaubt:

- Die Eltern oder ein Elternteil waren in irgendeiner Form süchtig. Sie waren z. B. alkoholkrank, nahmen Drogen oder Tabletten, arbeiteten wie besessen oder litten unter einer Eßstörung.
- In der Familie war körperliche oder seelische Gewalt an der Tagesordnung.
- Das Kind war einem unangemessenen Sexualverhalten ausgeliefert, von verführerischem Auftreten bis hin zum Inzest.
- Im Elternhaus herrschte ständig Spannung. Die Eltern stritten sich häufig oder sprachen zeitweilig nicht miteinander.
- Die Eltern vertraten sehr unterschiedliche Ansichten oder Wertvorstellungen, wobei jeder versuchte, das Kind auf seine Seite zu ziehen.
- Die Eltern konkurrierten mit den Kindern.
- In der Familie herrschte eine autoritäre, starre Festlegung in bezug auf Geld, Religion, Arbeit, Zeiteinteilung, Sexualität, Sauberkeit.

Auch wenn Umstände auf den ersten Blick nicht so hart erscheinen, wie Robin Norwood sie beschreibt, können sie doch ein für die Liebe zerstörerisches Muster produzieren. In Gruppen habe ich oft erlebt, daß Frauen sagten: »Wenn ich höre, wie es einigen hier früher ergangen ist, dann darf ich mich ja wirklich nicht beklagen.« Und dann zeigte sich, daß sie auf eine subtilere Weise genauso tief verletzt worden waren. Das kann auch für Sie zutreffen, wenn Sie als Kind folgendes erleben mußten:

- Sie mußten zu früh Verantwortung übernehmen und zu schnell erwachsen werden.
- Die Eltern hatten wenig Zeit, und Sie wurden viel sich selbst überlassen.
- Ihre Eltern wollten Sie überängstlich vor jeder eigenen Erfahrung bewahren.

- Ihre Gefühle – Liebe, Angst oder Wut – wurden nicht ernst genommen.
- Für Ihre Eltern zählte nur Leistung.
- Ihre Probleme mit Geschwistern waren sehr gravierend, z. B. gab es heftige Konkurrenz, oder die Eltern hatten ein »Lieblingskind«.

Neben der Erziehung und dem Familienklima spielt auch das Vorbild der Eltern eine entscheidende Rolle, zum Beispiel wenn

- der Vater die Mutter schlecht behandelt:
- die Mutter den Vater verachtet oder ablehnt;
- ein Elternteil sich stark unterordnet oder dominiert;
- die Eltern nicht liebevoll zueinander sind.

Wir lieben nach einem inneren Drehbuch

Eric Berne, Psychologe und Begründer einer psychologischen Technik, die er Transaktionale Analyse nannte, spricht bei Mustern, die aus diesen Erfahrungen entstehen, von einem inneren Drehbuch (Script). Er geht davon aus, daß wir unser weiteres Leben danach ausrichten. Wir bleiben auch später in der Partnerschaft z. B. das brave Kind, das nette Mädchen, die Tüchtige oder die Starke. Möglicherweise leben wir nur unsere schwache Seite aus und sehen uns permanent als Opfer. Oder es kann sein, daß wir unseren Partner genauso behandeln, wie wir es Vater oder Mutter abgeschaut haben.

Mit Sicherheit steckt ein Programm aus der Kindheit dahinter, wenn wir in der Partnerschaft Ähnliches erleben wie früher zu Hause oder immer wieder an den Falschen geraten. Sigmund Freud bezeichnete das als »Wiederholungszwang«: Wir suchen uns einen Partner, der die gleichen Merkmale bietet, die wir aus der Kindheit kennen. Weil sie uns so vertraut sind, verwechseln wir sie allzu leicht mit Liebe. Wie Ute, die in einem Seminar erzählte, was sie in ihrer Kindheit erlebt hat:

Eben noch hatte die zwölfjährige Ute auf dem Heimweg lässig ihre Schultasche geschwenkt und mit ihren Freundinnen herumgealbert. Jetzt wurde sie immer stiller, ihre Schritte wurden zögernder. Von der Kreuzung aus konnte sie das Haus ihrer Eltern sehen. Im Schlafzimmer waren noch die Rolläden heruntergelassen. Mama ging es wieder schlecht. Sie litt an regelmäßig wiederkehrenden Angstzuständen und Depressionen. Langsam schloß Ute die Haustür auf. Erst mal ging sie in die Küche und machte etwas zu essen. Dann versuchte sie, die Mutter mit kleinen Geschichten aus der Schule aufzumuntern. Sie war froh, als ihr das gelang. Am Nachmittag trafen sich ihre Freundinnen im Kino. Ute konnte nicht mit, sie mußte bei ihrer Mutter bleiben. Der Vater kam erst spät abends nach Hause.

Die heute achtundzwanzigjährige Ute erinnert sich noch gut an solche Szenen von früher. Nicht bewußt ist ihr, wie viel sie mit ihrem gegenwärtigen Unglück in Partnerschaften zu tun haben. Ute verliebt sich immer wieder in Männer, die ihre Hilfe benötigen. Sie baut sie auf, unterstützt sie, ist für sie da. Dabei kommt sie selbst viel zu kurz. Dann beendet sie entweder die Beziehung, weil sie ihr auf die Dauer nicht genug gibt – oder der Partner verläßt Ute, weil er nun auf eigenen Füßen stehen kann und sie nicht mehr braucht. Ute lebt nach dem Script: »Liebe heißt, einen schwachen Menschen zu unterstützen.«

Ein weiteres Beispiel für ein inneres Drehbuch: Marion kam zur psychologischen Beratung, weil sie das Gefühl hatte, immer wieder an den Falschen zu geraten, und sich nicht erklären konnte, warum. Marion, eine selbstbewußte, erfolgreiche Grafikerin Mitte vierzig, geriet immer wieder an egozentrische, chaotische Männer. Ihr erster Mann war ein Philosoph, der jahrelang an einer komplizierten Doktorarbeit saß. Marion arbeitete für zwei, damit er sich den Luxus des reinen Denkens auch weiterhin leisten konnte. Er betrog sie mit einer jüngeren Frau, die ihn bewunderte.

Der Mann, in den Marion sich danach verliebte, war Maler und lebte in einem Gartenhäuschen. Sie begann sofort damit, sein Leben für ihn zu ordnen. Sie kümmerte sich um seine Krankenversicherung und darum, ob er auch genug zu essen hatte. Nach einem Jahr trennte er sich von ihr, weil er sich bevormundet fühlte.

Marion hätte ewig damit weitergemacht, sich Männer zu suchen, die von ihrer Tüchtigkeit profitierten, wenn sie nicht erkannt hätte, daß sie in ihren Liebesbeziehungen immer das Muster »Vernünftige ältere Schwester kümmert sich um schwierigen kleinen Bruder« wiederholte: Ihre Eltern hatten ein Lebensmittelgeschäft und verlangten schon von der zehnjährigen Marion, daß sie sich um ihren sechs Jahre jüngeren Bruder kümmerte. Weil der Bruder ein »Problemkind« war, erhielt er die volle Aufmerksamkeit der Eltern. Von Marion dagegen verlangten sie, vernünftig zu sein und ihnen nicht auch noch Sorgen zu bereiten. Bei jedem Mann, in den sie sich als Erwachsene verliebte, rutschte Marion wieder in die vertraute Rolle der Vernünftigen und Versorgenden. Dabei ignoriert sie ihren Wunsch, auch selbst mal unbeschwert zu sein und sich anlehnen zu dürfen.

Verabschieden Sie sich
von überholten Leitsätzen

Was können wir tun, wenn wir vermuten, daß ein erlerntes Muster
für unsere unbefriedigenden Partnerschaften verantwortlich ist
und wir das ändern möchten? Glücklicherweise sind wir nicht für
alle Ewigkeit auf unser Kindheitsmuster festgelegt. Innere Pro-
gramme lassen sich löschen und durch neue, bessere ersetzen.
Die notwendige Voraussetzung dafür ist unser fester Wille. Aber
wir müssen auch wissen, daß Veränderungen dieser Art an die Substanz der ganzen Person gehen. Sie verlangen den Mut, schmerzliche Erfahrungen in der Erinnerung noch einmal zu durchleben.
Und es erfordert sehr viel Zeit und Geduld! Wenn wir dazu wirklich bereit sind, können wir den folgenden Weg gehen:
Jedem Muster liegen bestimmte Leitsätze zugrunde, die wir für
wahr halten und nach denen wir uns ausrichten. Diese gilt es zunächst zu entdecken.
Solche Leit- oder Glaubenssätze sind zum Beispiel: »Männer ertragen keine starken Frauen.« – »Ich werde nur geliebt, wenn ich
mich dafür anstrenge.« – »Ich bin nicht attraktiv.« – »Die guten
Männer sind alle schon in festen Händen.« – »Für mich interessiert
sich sowieso keiner.« – »Nur niemals von einem Mann abhängig
sein.« – »Frauen sind für Gefühle zuständig.« – »Eine Frau muß
sich anpassen.« – »Wenn ich Grenzen setze, werde ich verlassen.« –
»Sobald ich eine Schwäche zeige, wird das ausgenutzt.« – »Ältere
Frauen haben keine Chancen mehr.« – »Intelligente Frauen finden
sowieso keinen Mann.« – »Ich muß für alles die Verantwortung
übernehmen.«

Wenn Sie sich als kluge, emanzipierte Frau eingestehen müssen,
daß Sie bisher unbewußt Ihr Leben nach einem solchen Motto aus-
gerichtet haben, werden Sie wahrscheinlich ungläubig den Kopf
schütteln. Aber schließlich handelt es sich dabei um Formeln, die

wir als Kind gläubig übernommen haben, weil wir es nicht besser wußten. Kinder denken in Schwarz-Weiß-Kategorien und sind noch nicht in der Lage, genau zu differenzieren. Zum Charakter solcher Sätze gehört deshalb, daß sie wie ein Klischee oder Vorurteil klingen und oft mit einem »immer« oder »nie« beginnen. (»Ich werde immer übersehen.« »Nie kümmert sich jemand um mich«.) Auch Schlußfolgerungen nach dem Schema »Wenn ... dann« sind typisch. (»Wenn mich ein Mann anziehend findet, dann ist er garantiert verheiratet.«)

Erkennen Sie Ihre Leitsätze

■ Mit etwas Überlegung finden Sie gewiß Ihre persönlichen Sätze heraus. Formulieren Sie sie als Tatsachen, also ohne »Ich glaube ...« oder »Ich meine ...« Schreiben Sie sie untereinander auf ein Blatt Papier.

■ Nehmen Sie sich nun jeden Ihrer Sätze einzeln vor und fragen Sie sich, wann und wo Sie ihn gelernt haben.

Möglicherweise erinnern Sie sich zunächst nur schwach. Sie dürfen aber davon ausgehen, daß in Ihrem Gedächtnis alles gespeichert ist und sich nach und nach schon zeigen wird – sobald Sie dazu bereit sind.

Clara z. B. ist immer wieder mit Männern zusammen, die ihr entweder weit unterlegen sind oder sie schlecht behandeln. Sie leidet darunter und gerät trotzdem mit traumwandlerischer Sicherheit bei nächster Gelegenheit wieder an jemanden, der sie unglücklich macht. Sie findet heraus, daß sie von dem Glaubenssatz »Ich muß froh sein, wenn mich überhaupt einer will« bestimmt wird. Auf der Suche nach dem Ursprung dieses Satzes taucht zunächst spontan eine längst vergessene Szene vor ihrem inneren Auge auf: Beim Schulball sitzt sie mutterseelenallein auf ihrem Platz. Keiner fordert sie auf. Am liebsten möchte sie unter den Tisch kriechen vor Scham. Dieses traumatische Erlebnis ist ein Schlüssel zu weiteren

Erinnerungen: Weil Claras Eltern wenig Geld hatten, mußte sie immer die abgelegten Kleider ihrer größeren Schwester tragen, die ihr überhaupt nicht standen. Deswegen wurde sie oft gehänselt. Und noch weiter zurück, als kleines Mädchen, hört sie ihre Mutter im Nebenzimmer zu ihrer Tante sagen: »Na ja, Clara ist zwar nicht besonders hübsch, aber ein liebes Kind.«

Wie ein Puzzlespiel kann Clara sich allmählich die Teile zusammensetzen, die zum gegenwärtigen Muster geführt haben. Auf diese Weise findet sie noch weitere Glaubenssätze: »Ich sehe nicht besonders gut aus« und »Für Kleidung darf man nicht zu viel Geld ausgeben«. »Wenn ich mich anpasse, werde ich geliebt.«

Weil sie die Erfahrungen und Aussagen von damals immer noch für gültig hält, wagt sie bis heute nicht, sich aktiv einen liebevollen, attraktiven Mann zu suchen. Statt dessen geht sie dankbar auf jeden ein, der überhaupt Interesse an ihr zeigt.

■ Durchleben Sie die Erinnerungen, die mit Ihren Glaubenssätzen zusammenhängen, noch einmal mit allen damit verbundenen Gefühlen.

Schließen Sie dazu die Augen, und lassen Sie die jeweiligen Szenen wie einen Film ablaufen.

Am besten ist es, wenn Sie das in Gegenwart einer guten Freundin oder im geschützten Rahmen einer Psychotherapie tun können. Sie können Ihre Reise in die Vergangenheit aber auch allein durchführen, *wenn Sie dabei gut auf sich achtgeben.* Sobald Ihnen eine Erinnerung zu unangenehm wird, brechen Sie ab, atmen Sie tief durch und sagen laut: »Das ist vorbei.« Normalerweise passiert nichts Schlimmeres, als daß Sie heftig weinen und den alten Schmerz körperlich spüren, z. B. als Druck auf den Magen oder als ein ziehendes Gefühl ums Herz. Lassen Sie diese Empfindungen zu, gehen Sie hindurch. Sie werden spüren, wie sie schwächer werden oder sich sogar auflösen.

In den folgenden Fällen sollten Sie sich allerdings nicht ohne fachliche Begleitung in Ihre Vergangenheit versenken:

40

- Wenn Sie in der Kindheit körperlichen oder seelischen Gewalttätigkeiten oder sexuellem Mißbrauch ausgesetzt waren oder vermuten, daß Sie in Ihrer Erinnerung darauf stoßen könnten.
- Wenn Sie zu starken Ängsten oder Depressionen neigen oder schon einmal in psychiatrischer Behandlung waren.
- Wenn Sie an einer psychosomatischen oder chronischen Krankheit wie Asthma, Rheuma oder Morbus Crohn leiden, die durch seelische Erschütterungen erneut ausbrechen oder verstärkt werden kann.
  Dann ist es besser, Ihre Erinnerungen im Schutz einer Psychotherapie zu bewältigen. (Hinweise, wo Sie therapeutische Hilfe bekommen können, finden Sie im Anhang ab Seite 214.)
- Verabschieden Sie sich von den überholten Leitsätzen. Nehmen Sie Ihr Papier noch einmal zur Hand und entscheiden Sie Satz für Satz, ihn nicht länger als Wirklichkeit zu akzeptieren.

Der Psychotherapeut Hartmut Müller schlägt zum Loslassen überholter Glaubenssätze ein regelrechtes Ritual vor:
- Stellen Sie sich vor den Spiegel, und lesen Sie den jeweiligen Satz vor.
- Sagen Sie laut und deutlich: »Ich bin bereit, diesen Satz aufzugeben und nicht mehr daran zu glauben.«
- Verbrennen Sie dann die Liste.

So bieten Sie dem Saboteur in sich Paroli

Viele Selbsthilfebücher vermitteln den Eindruck, als funktioniere Veränderung locker nach dem Motto »Gefahr erkannt – Gefahr gebannt«. Ich habe deutlich gesehen, was ich loslassen muß – und schon ist der Alptraum vorbei.
Leider ist es nicht so einfach. Es stimmt zwar, daß am Anfang jeder Veränderung die Erkenntnis steht, dann aber müssen wir sie uns wieder und wieder ins Gedächtnis rufen und in konkretes Handeln umsetzen, sonst ist sie rasch verschwunden. Das ist auch der Grund, warum viele Menschen trotz spektakulärer Erkenntnisse

(nach einem Seminar etwa) so schnell wieder in den alten Trott verfallen.

Wir müssen damit rechnen, daß nicht nur äußere, sondern vor allen Dingen innere Widerstände auftauchen. Selbst wenn Sie erst einmal glücklich und erleichtert sind über Ihr Aha-Erlebnis, werden Sie sich möglicherweise schon wenig später verunsichert oder gar deprimiert fühlen. Das ist erklärlich, denn schließlich sind Sie dabei, sich von einem sehr vertrauten Teil Ihrer Persönlichkeit zu verabschieden. Dieser Teil hat Sie nicht nur beeinträchtigt, sondern Ihnen auch Halt gegeben. Es ist, als ob sich unser Unbewußtes wie eine eigenständige Person heftig gegen den Verlust des Gewohnten sträubt und dabei recht subtile Mittel benutzt. Ich kenne sie z. B. als Gedanken wie »Das stimmt doch alles gar nicht.« – »Das ist eine psychologische Theorie, die sich nicht in die Wirklichkeit umsetzen läßt.« – »Das mag ja für andere gelten, aber nicht für mich.« – »Ich schaffe es nicht.«

Bei einem Rückfall in die alten Verhaltensweisen, der garantiert immer wieder mal kommt, taucht sofort ein selbstquälerisches, resigniertes »Ich lerne es einfach nie« auf. Das alles ist aber kein Grund, aufzugeben.

Es gilt, dem inneren Saboteur Paroli zu bieten. Der Psychotherapeut Hartmut Müller hat eine, wie ich finde, gut anwendbare Liste von Sprüchen zusammengestellt, mit denen wir unseren negativen Gedanken begegnen können. Suchen Sie sich daraus einen passenden aus oder, was noch viel besser ist, lassen Sie sich zu einer individuellen Formulierung anregen:

- Das ist jetzt nicht mehr nötig.
- Das war einmal.
- Don't worry – be happy.
- Das gilt nicht mehr.
- Der Krieg ist zu Ende.
- Das gibt's nicht mehr.
- Ich bin doch kein Kind mehr.
- Alles Lüge.

- Das ist nur ein Übergang.
- Das ist nur die Intensität des Abschieds
  (bei stark negativen Gefühlen).
- Ich brauche keine Angst vor der Wahrheit zu haben.

Wann immer ein Gedanke auftaucht, der sich gegen Ihre positive Veränderung richtet: Kontern Sie innerlich mit einem solchen »Bannspruch«, oder sprechen Sie ihn sogar laut aus. Das ist kein psychologischer Hokuspokus, sondern ein bewährtes Mittel, seine Gedanken nach und nach in die gewünschte Richtung zu lenken.

Gedanken sind die Basis jeder sichtbaren Veränderung. Albert Ellis, der Begründer der rational-emotiven Therapie, bestätigt aus seiner über dreißigjährigen Tätigkeit:

»Es liegen mehr als zweihundert kontrollierte wissenschaftliche Studien vor, die zeigen, daß Menschen ihre Handlungen und Gefühle viel besser in den Griff bekommen, wenn man sie darin unterweist, wie sie ihre negativen Gedanken und Vorstellungen ändern können.« Ich kann Ihnen aus eigener Erfahrung versichern, daß es funktioniert.

Sie selbst bestimmen, wie Sie sein wollen

Wenn ein negatives Programm überholt ist, entsteht in uns erst einmal ein Vakuum. Die alte Einstellung gilt nicht mehr. Was aber soll nun geschehen? In gewisser Weise sind Sie jetzt Ihre eigene geistige Schöpferin. Wie möchten Sie sein, wie auf Männer reagieren?

Schreiben Sie dazu eine »Wunschliste«, auf der Sie alle bisher geltenden negativen Sätze in positive verwandeln. Selbstverständlich dürfen Sie auch noch andere hilfreiche hinzunehmen.

Claras Liste z. B. sah folgendermaßen aus: »Ich wähle selbst den Mann, der mich interessiert.« – »Ich kleide mich mit Stil und Geschmack.« – »Ich bin es wert, einen attraktiven und liebevollen Mann zu bekommen.« – »Ich sehe gut aus.«

Es reicht allerdings nicht, lediglich einen Katalog der neuen Eigenschaften und Verhaltensweisen zu erstellen. Sie müssen sich Ihre neuen positiven Leitsätze auch konsequent einprägen. Sonst schnappen Sie wie am Gummiband in die alten Gewohnheiten zurück.

So wie der berühmte Arzt Coué seine Patienten aufforderte, täglich zu sagen: »Mir geht es besser und besser«, müssen auch Sie regelmäßig mit Autosuggestion arbeiten, um die neugewonnenen Erkenntnisse im Bewußtsein zu verankern. Am besten schauen Sie sich Ihre Liste täglich an. Sich nur gelegentlich mal dran zu erinnern nützt nämlich wenig. Die Sätze müssen fest zu Ihrem Denk-Repertoire gehören und immer wieder aufgefrischt werden.

Ich sehe darin eine Parallele zum Sport: Wenn Sie einmal in Form sind, müssen Sie weitertrainieren. Sonst werden die Muskeln nach kurzer Zeit wieder schlapp, und Sie verlieren Ihre mühsam erworbene Kondition.

Die New Yorker Psychologin Susan Jeffers sagt: »Ich weiß, es klingt unfair, daß Sie automatisch negativ werden, wenn Sie aufhören, eine positive Einstellung zu praktizieren. Offensichtlich brauchen bestimmte Aspekte unserer Persönlichkeit ständige Bestärkung, und eine positive Geisteshaltung ist ein solcher Aspekt.«

Es gibt einige Möglichkeiten, sich in diesem Sinne geistig in Form zu halten. Ich benutze am liebsten die folgenden und möchte sie Ihnen daher empfehlen:

■ Nehmen Sie ein dickes Schulheft als Arbeitsbuch. Schreiben Sie übersichtlich alle Ihre Wünsche hinein und alle Sätze, die sich auf positive Veränderungen beziehen. Außerdem notieren Sie regelmäßig in Stichworten, was Sie bisher erreicht haben oder woran Sie noch arbeiten möchten. Auch Gedanken und Überlegungen gehören dazu. Das Ganze läßt sich mit Zeichnungen, Fotos, Zeitschriften-Ausschnitten oder Zitaten aus Büchern zum jeweiligen Thema anreichern. Blättern Sie immer wieder darin, und erinnern Sie sich beim Nachlesen, was Sie eigentlich erreichen wollten. Sind Sätze überholt, streichen Sie sie aus.

■ Legen Sie sich zur Ermutigung und Anregung eine private »Psy-cho-Bibliothek« an. Darin sollten sich Werke Ihrer Lieblings-Sachbuchautoren und Bücher befinden, die Ihnen beim Lesen Mut und Kraft geben. (Vorschläge für Titel, die hier gut hinein-passen, finden Sie in der Bücherliste dieses Buches ab Seite 219.)

Womöglich wird es Ihnen dann bald ähnlich gehen wie mir: Meine Bücher sind mir inzwischen zu Freunden und zu Lehrern gewor-den. Morgens oder abends nehme ich eins davon zur Hand und lese einen kleinen Abschnitt. Meist bekomme ich durch einen be-stimmten Satz, der zufällig gerade auf meine gegenwärtige Situa-tion paßt, wieder richtig Schwung für meine Entwicklung.

Sie werden sicher Ihre ganz persönliche Form finden, um Ihre Er-kenntnisse umzusetzen. Entscheidend ist, daß Sie wachsam bleiben und nicht aus Gewohnheit wieder ganz in die alten Spuren zurück-rutschen. Rückfälle sind allerdings natürlich und kein Grund, mit sich zu hadern oder zu resignieren. *Nehmen Sie sich einen Rückfall nicht übel, machen Sie weiter.* Ich halte es mit dem Spruch: »Jeder kann mal hinfallen. Wichtig ist nur, daß man wieder aufsteht.«

Verzeihen ist ein
Schlüssel zu Ihrer Freiheit

Vielleicht hat sich durch die bisherige gründliche Analyse Ihre Sicht der vergangenen Partnerschaft(en) bereits zum Positiven gewandelt. Es kann aber durchaus sein, daß Sie immer noch heftige Emotionen wie Wut, Verletzung, Enttäuschung und Schuldgefühle spüren, sobald Sie an Ihre verflossenen Beziehungen denken. Dann bedarf es noch eines ganz besonderen Schritts: Verzeihen Sie den Menschen, die Sie verletzt haben.

Bei diesem Vorschlag werden Sie wahrscheinlich erst einmal an die Decke gehen. Jedenfalls wäre das eine recht gesunde Reaktion. Schließlich wird uns Frauen von Kindheit an eingetrichtert, es sei unsere Pflicht und Schuldigkeit, für Harmonie zu sorgen. Wir müssen verstehen, schlucken, lieb und freundlich bleiben. Am Ende haben wir noch Schuldgefühle, wenn uns jemand schlecht behandelt!

Davon halte ich überhaupt nichts. Wenn in der Therapie eine Klientin zu viel Verständnis für andere zeigt und sich selbst zu wenig beachtet, tut mir das jedesmal weh. Mein Ziel ist, das Verständnis meiner Klientin für ihre eigenen Empfindungen zu wecken.

Gemeint ist hier also wirklich nicht, daß Sie wider besseres Wissen jemanden freisprechen, zu Kreuze kriechen oder kapitulieren sollen. Gemeint ist vielmehr, daß Sie Ihren inneren Hader mit dem oder den Ex-Partner(n) bewußt aufgeben sollten – nicht aus christlicher Nächstenliebe, sondern aus reiner Selbsterhaltung. Solange wir uns an altem Groll und Schmerz festklammern, bleiben wir im Banne dieser Gefühle und sind nicht frei.

Eine Begegnung, die ich gewiß nie vergessen werde, illustriert das für mich besonders gut: Als Studentin jobbte ich in den Semesterferien in einer Fabrik. Neben mir am Fließband arbeitete eine etwa fünfzigjährige Frau. Sie erzählte mir, daß sie fast ihren gesamten Verdienst in Fernreisen investierte. Sie strich sich monatelang nur Margarine aufs Brot, kaufte sich kaum neue Kleider, gönnte sich nicht mal Kaffee und sparte, wo es nur möglich war. Sie war schon in Asien und Amerika gewesen. Ich sagte ihr, wie toll ich es fände, daß sie so zielstrebig ihren Herzenswunsch, zu reisen, verwirklichte. Zu meinem Erstaunen lachte sie bitter und sagte: »Ich mache mir aus den Reisen gar nicht viel. Es ist zwar interessant, aber auch reichlich anstrengend. Nein, mein größter Genuß daran ist, daß ich von jeder Reise meinem Ex-Mann eine Karte schicken kann. Er hat mich vor vier Jahren verlassen, und jetzt weiß ich, daß er jedesmal grün vor Neid wird, wenn er liest, wo ich überall ohne ihn war.«

Es gibt zahlreiche Varianten, dem Ex-Partner nicht zu verzeihen und damit an ihm festzuhalten: Etwa, indem wir im Tagtraum wollüstig Rachepläne schmieden. Oder wir nehmen uns vor, es ihm noch mal so richtig zu zeigen, und schlagen dabei einen (Karriere-)Weg ein, an dem wir persönlich gar nicht wirklich interessiert sind. Vielleicht verhindern wir auch, finanziell auf eigene Füße zu kommen, nur damit er per Unterhaltszahlung »bluten« muß. Möglicherweise schlucken wir sogar Tabletten oder trinken zuviel, damit er sieht, in welches Elend er uns getrieben hat.

Vielleicht tragen wir aber auch noch Schuldgefühle mit uns herum, weil wir gegangen sind, obwohl der andere uns noch liebte oder sich in einer verzweifelten Situation befand. Auch diese Gefühle können blockierend sein, weil wir uns ihretwegen vielleicht kein neues Glück erlauben.

In den meisten Fällen jedoch haben wir über den oder die Verflossenen eher böse Gedanken im Kopf. Wie auch immer: Solange meine Erinnerung noch mit heftigen negativen Empfindungen besetzt ist, bin ich nicht wirklich unabhängig. Verzeihen ist deshalb eines der besten Gegenmittel.

Die Art von Verzeihen, die ich meine, ist ein inneres Loslassen. Sie läßt sich nicht erzwingen, sondern entsteht aus der Sehnsucht danach, daß die alten Wunden endlich heilen. Zwar bleibt die Erinnerung an die Geschehnisse bestehen, doch die belastenden Gefühle intensiver Wut, Angst oder Bitterkeit werden am Ende aufgelöst.

Setzen Sie Ihren Ex-Mann auf einen leeren Stuhl

Um das zu erreichen, bieten einige in der Psychotherapie angewandte Methoden eine gute Hilfe. Besonders geeignet ist die Technik des »Leeren Stuhls«, die in der Gestalttherapie viel benutzt wird. Vielleicht erscheint sie Ihnen zunächst künstlich oder komisch. Wenn Sie sich jedoch wirklich darauf einlassen, merken Sie, wie intensiv diese Übung ist und welch starke Gefühle dabei hochkommen können. Noch nach vielen Jahren, in denen ich diese Methode anwende, bin ich immer wieder erstaunt, wieviel stärker diese sinnliche Erfahrung ist als bloßes Reden:

■ Stellen Sie einen leeren Stuhl in einem Ihnen gemäßen Abstand vor sich hin. Setzen Sie in Ihrer Phantasie den Mann darauf, von dem Sie innerlich loskommen möchten. Malen Sie sich aus, in welcher Körperhaltung er da sitzt und wie er Sie anschaut.
Falls Ihnen die Vorstellung, zu einem leeren Stuhl zu sprechen, allzu merkwürdig vorkommt, können Sie statt dessen auch ein Foto Ihres Partners vor sich aufstellen.

■ Sprechen Sie alles aus, was Sie ihm immer schon sagen wollten. Spüren Sie dabei, was an Schmerz, Wut oder Liebe noch in Ihnen steckt. Wenn Ihnen danach ist, dann weinen oder toben Sie. Oder schlagen Sie mit den Fäusten auf ein Kissen. Alles ist erlaubt.

■ Sobald Sie das Gefühl haben, Sie hätten alles ausgedrückt, was noch an Gefühlen gegenüber Ihrem Ex-Partner in Ihnen steckte, sagen Sie laut und deutlich: »(Name des Partners), ich verzeihe dir und wünsche dir alles Gute für dein weiteres Leben.«

Der zweite Teil dieses Satzes wird Ihnen vermutlich noch schwerer fallen als der erste, denn im Grunde möchten wir den anderen gar nicht so einfach aus der Verantwortung entlassen. Viel lieber sähen wir, daß er endlich reuevoll zugibt, was er uns angetan hat. Oder daß es ihm so richtig mies geht und er auch einmal erlebt, was Leiden und Einsamkeit bedeuten.

Wenn Sie diese Übung zum erstenmal machen, wird der Satz »Ich verzeihe dir und wünsche dir alles Gute für die Zukunft« für Sie sicher eher ein Lippenbekenntnis darstellen als Ihre tatsächliche Empfindung ausdrücken. Geben Sie trotzdem nicht auf. Machen Sie die Übung immer wieder, so lange, bis Sie innerlich wirklich spüren: »Jetzt bin ich damit durch, ich habe endgültig losgelassen.«
Die Psychologin Doris Wolf bestätigt in ihrem Buch »Wenn der Partner geht«, daß bereits der feste Wille, dem anderen zu vergeben, etwas ändern kann. Sie rät: »Sagen Sie diesen Satz immer wieder, trotz Ihrer gegensätzlichen Gefühle. Sie wissen, daß Ihre Gefühle durch Ihre Gedanken bestimmt werden, und deshalb müssen Sie ihm erst im Geist verzeihen, bevor Sie es auch spüren.«

Das kann unter Umständen lange dauern. Tage, Wochen, vielleicht sogar Monate. Verlieren Sie bitte nicht die Geduld, und befassen Sie sich weiter intensiv damit. Sehen Sie es als eine Art seelischen Machtkampf an, den Sie in sich austragen. Tatsächlich streiten sich widersprüchliche Kräfte: Ein Teil Ihrer Persönlichkeit fordert Recht und Genugtuung, der andere will endlich frei werden von altem Leid.
Das Verhältnis dieser Kräfte zueinander kann eine ganze Weile zu einer inneren Patt-Situation führen. In solchem Fall hilft mir oft ein Satz von Carl Withaker, einem bekannten Familientherapeuten. Er fragte in seiner Praxis ein Paar, das sich wütend darüber stritt, wer eigentlich schuld an der Ehemisere sei: »Wollen Sie recht haben,

oder wollen Sie glücklich sein?« Manchmal ist es besser, sein Recht aufzugeben, um endlich wieder frei zu sein.

Feiern Sie Ihren Freiraum

Wenn Sie Ihre Vergangenheit Schritt für Schritt erkundet haben, sind Sie ein gutes Stück weitergekommen in Ihrer Selbsterkenntnis und auch auf dem Weg zu einer neuen glücklicheren Partnerschaft: Sie haben Teile Ihres alten Musters erkannt und begonnen, es abzulegen. Sie haben sich von einigen alten Gefühlen befreit und neue Verhaltensweisen gewonnen. Sie wissen, was Sie verändern möchten und was für eine Partnerschaft Sie anstreben. Eine ganze Menge, nicht wahr? Das Ergebnis dürfte sein, daß Sie die Energie, die bisher an andere Personen gebunden war, für sich selbst zurückerobert haben.

Es soll keineswegs eine Abwertung Ihrer bisherigen Arbeit an sich selbst sein, wenn ich Sie noch auf etwas aufmerksam machen möchte, dem wir alle unterliegen, egal, wieviel Therapie wir hinter uns haben oder wie psychologisch geschult wir sind. *Niemand ist je fertig.* Veränderung ist ein fortlaufender Prozeß. Es kann immer mal passieren, daß ein alter wunder Punkt berührt wird. Plötzlich fühlen wir uns wieder klein und hilflos und verhalten uns fast automatisch so, als hätte sich seit der Kindheit nichts verändert. Dennoch ist es keineswegs wie früher. Wir erleben nun diese Situation bewußter als damals und kommen daher auch viel schneller wieder heraus. Und nur darauf kommt es an!

Als ich kürzlich meinen kleinen Sohn zu einem Eishockey-Spiel begleitete, sah ich auf der Tür zum Umkleideraum einen Aufkleber: »Wer glaubt, daß er nicht mehr besser werden kann, hört auf, gut zu sein.« Das bezieht sich nicht nur auf den Sport. Es ist ein Satz, der auch für unsere Entwicklung auf eine befriedigende Partnerschaft hin gilt.

Zweiter Schritt

Das »wahre Selbst« finden

Ihre Erscheinung:
Wie wirken Sie?

»Ich finde mich so toll – warum bin ich noch Single?« lautet der provokante Titel eines Buches von Susan Page. Wenn ich die darin enthaltene Aussage ernst nehme, fühle ich mich hin- und hergerissen. Einerseits ist es ganz wichtig, daß man sich akzeptiert. Andererseits – was ist, wenn ich mir über meine Vorzüge Illusionen mache?

Ich erinnere mich noch gut an ein Aha-Erlebnis dieser Art. Als ich anfing, als Psychologin zu arbeiten, hielt ich mich für eine sanfte Therapeutin, die verständnisvoll auf ihre Klientel eingeht. Bis ich mich während einer Fortbildung auf einem Video sah. Von wegen sanft! Ich hatte eher etwas von einer Magnolie aus Stahl. Freundlich lächelnd brachte ich mein Gegenüber dazu, sich meiner Meinung anzuschließen.

Bevor wir uns fragen, wie anziehend wir wohl für einen potentiellen Partner sind, sollten wir uns erst mal in aller Ausführlichkeit betrachten und überlegen: Was für ein Mensch bin ich? Welche positiven und negativen Eigenschaften besitze ich?

Weil uns auf Anhieb meist nur wenige Eigenschaften einfallen, möchte ich Sie bitten, folgende Übung zu machen:

Beschreiben Sie Ihr Äußeres

■ Nehmen Sie ein Blatt Papier, und notieren Sie untereinander mindestens zwanzig Aussagen über Ihr Äußeres. Wenn es mehr sind, um so besser. Führen Sie so viele auf, wie nötig sind, um Sie äußerlich möglichst komplett zu beschreiben.
   Zum Beispiel:
 ◆ Ich bin 1,68 m groß.

- Ich habe lockiges Haar.
- Ich bin kurzsichtig.
- Ich habe einen schönen Mund.
- Meine Haut wird langsam faltig.
- Die meisten meiner Zähne sind überkront.
- Ohne Make-up sehe ich blaß aus.
- Ich habe hübsche Beine.
- Ich bin vollschlank.
- Ich ziehe mich gerne modisch an.
  usw.

Führen Sie Ihre inneren Eigenschaften auf

- Nun machen Sie dasselbe für Ihre inneren Eigenschaften. Nennen Sie mindestens zwanzig, die Sie charakterisieren und die typisch für Sie sind. Notieren Sie alles, was Ihnen einfällt und was Sie wichtig finden. Zum Beispiel:
- Ich bin lebhaft.
- Ich habe eine gute Intuition.
- Ich bin spontan.
- Ich werde stumm, wenn mir etwas nicht paßt.
- Ich bin oft neidisch auf andere.
- Ich kann mich gut konzentrieren.
- Ich werde bei körperlicher Anstrengung schnell müde.
  usw.

Auf diese Weise haben Sie ein recht umfassendes Bild Ihrer Persönlichkeit erstellt und gewinnen mehr Klarheit darüber, wie Sie sind.

Sicher haben Sie gemerkt, daß es gar nicht so einfach ist, sich selbst Eigenschaften zuzuschreiben. Immerhin tut sich sogar die Wissenschaft damit schwer. Bisher gibt es überhaupt noch keine übereinstimmende Definition für das, was Persönlichkeit überhaupt ist. Der Psychologe Gordon Allport definierte Persönlichkeit als eine individuelle Struktur von Eigenschaften. Er fand fast zweitausend davon. Dabei prägen aber nach seiner Ansicht nur etwa zehn zentrale Eigenschaften das Wesen eines Menschen.

Betrachten wir uns also als eine Komposition aus Charakterzügen, Temperament, psychischen Dispositionen, Verhalten und Erfahrungen. Auf Ihren beiden Listen haben Sie entschieden, welche Schwerpunkte Sie setzen wollen. Da niemand Sie besser kennt, als Sie sich selbst, erhalten Sie durchaus eine angemessene Beschreibung.

Schauen Sie sich nun Ihre Merkmale mit Distanz an: Gefällt Ihnen das, was Sie hier schwarz auf weiß sehen? Möchten Sie diesen Menschen gerne kennenlernen?

Beurteilen Sie sich selbst

Eine noch fundiertere Antwort auf diese Frage erhalten Sie, indem Sie jede einzelne Eigenschaft auf Ihren beiden Listen bewerten.

- Machen Sie dazu ein Pluszeichen hinter jede Eigenschaft, die Sie an sich mögen, ein Minus hinter die, die Sie nicht leiden können, und eine Null hinter solche, die Sie als neutral einschätzen.

- Zählen Sie am Ende zusammmen, wie viele Plus- und Minuszeichen Sie haben. Die Nullen dürfen Sie ignorieren.

Wie steht es jetzt mit Ihrer Selbstbeurteilung? Die simpelste Gesamtauswertung lautet: Je mehr Pluszeichen Sie gemacht haben, um so mehr akzeptieren Sie sich. Die Anzahl Ihrer Minuszeichen zeigt zunächst, wie sehr Sie sich ablehnen.

Lieber stolze Rose als Veilchen im Moose

In der Tat weisen viele Pluszeichen auf ein stabiles Selbstbewußtsein hin, und das ist in jedem Falle positiv. Wir Frauen haben gewöhnlich viel zuviel Scheu davor, uns richtig gut zu finden.

55

Als ich einer Klientin, die damit Probleme hatte, einen Spruch aus meinem Poesiealbum zitierte, war sie ganz verblüfft. Genau den gleichen sinnigen Vers hatte ihr Vater in ihr Buch geschrieben: »Sei wie das Veilchen im Moose, sittsam, bescheiden und rein, und nicht wie die stolze Rose, die immer bewundert will sein.« Kitschiger geht es kaum, zugegeben. Aber der Spruch repräsentiert die »altbewährte« Grundregel für uns Frauen, daß wir uns nicht wichtig nehmen oder gut finden dürfen. Sonst gelten wir als eingebildet und werden nicht gemocht. Das sitzt tiefer, als wir glauben.

Unter solchen Hemmungen litt auch Vera, eine 34jährige Ärztin, die an einem Seminar zum Thema »Persönlichkeit und Ausstrahlung« teilnahm. Obwohl sie eine beruflich erfolgreiche, gutaussehende Frau war, spielte sie ihre Vorzüge als unbedeutend herunter und nahm sie teilweise nicht einmal wahr. Ich forderte sie auf, doch einmal mit mir zusammen in der Gruppe die Runde zu machen und jeder Teilnehmerin einzeln einen bestimmten Vorzug oder eine besondere Leistung von sich mitzuteilen. Bei den ersten beiden Frauen tat sich Vera noch schwer. Ihr fiel kaum etwas ein, sie genierte sich, und überhaupt machte sie das ganze Experiment zunächst nur mir zuliebe. Dann aber geschah das Erstaunliche: Bei jeder weiteren Teilnehmerin wurde Vera lockerer. Mit glänzenden Augen und sichtlichem Stolz verkündete sie: »Ich habe meine Tochter zu einem richtig tollen, selbständigen Mädchen erzogen.« – »Ich habe mein Medizinstudium in der kürzesten Zeit abgeschlossen.« – »Ich habe schöne Beine.« – »Ich kann gut kochen.« Am Ende hatte sie uns allen das detaillierte Bild einer interessanten, tüchtigen und liebenswerten Frau vermittelt. Sie selbst war am meisten überrascht über das, was alles in ihr steckte.

Ich finde, daß wir uns gar nicht genug für all unsere guten Eigenschaften loben können, zumindest erst einmal in Gedanken, solange wir es noch nicht laut wagen.
Mit unserer positiven Selbsteinschätzung liegen wir selten daneben, schon weil wir Frauen ohnehin mit uns überkritisch sind. Trotzdem kann ein Test in puncto Eigenwahrnehmung nicht scha-

den, um eine mögliche Selbsttäuschung zu vermeiden. Hätte ich damals zum Beispiel eine Kollegin gefragt, wie ich auf sie wirke, hätte sie mir sicher schnell den Zahn, ich sei so sanft und verständnisvoll, gezogen.

Holen Sie sich daher bei einer wohlwollenden Freundin oder einem guten Freund Rückmeldung. Zeigen Sie ihr oder ihm die positiven Aussagen auf Ihren beiden Listen, und fragen Sie nach, ob diese auch von Ihrem Gegenüber so wahrgenommen werden.

Überprüfen Sie bei der Gelegenheit Ihre Listen auch daraufhin, ob sich nicht so manche neutrale »Null« noch in ein »Plus« umbewerten läßt, wenn Sie etwas weniger streng mit sich sind.

»Es ist in Ordnung – für jetzt«

Zahlreiche Minuszeichen hinter Ihren Eigenschaften können natürlich auf einen Minderwertigkeitskomplex deuten. Genausogut können sie aber auch ihre Berechtigung und ihren Wert haben, vorausgesetzt, *Sie nutzen sie als Ansporn zur Veränderung.*

Schließlich geht es hier nicht darum, sich etwas schönzureden, was nicht schön ist, bloß weil wir uns unter allen Umständen akzeptieren möchten. Dennoch ist es ein gewaltiger Unterschied, ob ich mir nüchtern sage: »Diese Eigenschaft gefällt mir nicht, ich will sie mildern oder beheben« – oder ob ich wie das Kaninchen auf die Schlange auf diesen speziellen Mangel starre und mich dafür niedermache, daß ich nicht perfekt bin.

Wenn ich zum Beispiel meine feinen Haare betrachte, rede ich mir nicht künstlich ein, sie seien wirklich prächtig, und ich würde um nichts in der Welt mit einem üppigen Lockenkopf tauschen wollen. Klar, es gibt wirklich schöneres Haar als meines. Aber ich sage mir inzwischen nicht mehr bei einem Blick in den Spiegel: »Du siehst ja furchtbar aus.« Ich kann meine Haare nun einmal nicht ändern, also akzeptiere ich sie – und ich habe mir einen guten Friseur gesucht, der das Beste daraus macht.

Ähnlich können wir mit den inneren Eigenschaften umgehen, die uns nicht gefallen: Sehen wir sie vor allem als Herausforderung.

Renate, eine freie Journalistin, ärgert sich natürlich über sich, wenn sie wieder mal den Auftrag für einen Artikel angenommen hat, obwohl sie längst ausgelastet ist und sich fest vorgenommen hatte, diesmal wirklich nein zu sagen. Allerdings hat sie aufgehört, sich noch stundenlang danach zu beschimpfen, wie inkonsequent und nachgiebig sie ist. Dabei hilft ihr der Satz: »Es ist in Ordnung – für jetzt.« Er besagt: »Okay, ich habe falsch reagiert, aber das verzeihe ich mir. Trotzdem gebe ich es nicht auf, mich in diesem Punkt zu verändern, und ich werde es beim nächsten Mal gewiß besser machen.« Es braucht eben seine Zeit, eine lange eingeübte Gewohnheit zu durchbrechen. Mit festem Willen wird es ihr eines Tages gelingen. Darauf kommt es an, und wenn es bis dahin Jahre dauern sollte.

Dieses Rezept für den Umgang mit den eigenen Mängeln bewährt sich, solange es sich um wirklich angebrachte Selbstkritik handelt. Etwas ganz anderes ist es, wenn die negativen Beurteilungen nur das Selbstwertgefühl beeinträchtigen und darüber hinaus nichts zur Entwicklung der Persönlichkeit beitragen. Dann haben wir es garantiert mit einer typischen Selbstbeeinflussung zu tun. Die aber ist nicht von selbst entstanden.

Die Macht der magischen Sprüche

Schon in früher Kindheit unterliegen wir Beurteilungen, die für das ganze Leben prägend sein können. Ich bezeichne solche Urteile als »Zaubersprüche«, weil sie ähnlich intensiv wirken wie die magischen Formeln im Märchen.

Schon an der Wiege wurde Dornröschen ein hundertjähriger Schlaf vorausgesagt. Tatsächlich dauerte es nur wenige Jahre, bis sich dieser Zauberspruch an ihr erfüllte.

Sind die Zuschreibungen unserer Umwelt, vor allem die der Familie, günstig, werden wir dadurch gestärkt und gewinnen daraus Kraft und Sicherheit.

Meinen ersten positiven Zauberspruch bekam ich verpaßt, als ich gerade ein paar Minuten auf der Welt war. Die Hebamme gab mir einen Klaps auf den Rücken und sagte zu meiner Mutter: »Sie wird mal intelligent – sie hat große Hände und Füße.« So schwachsinnig diese Schlußfolgerung auch war, entwickelte sich dieser Spruch, von meiner Mutter mit einem Augenzwinkern als Anekdote weitergegeben, zur selbsterfüllenden Prophezeiung: Während der ganzen Schulzeit galt ich als kluges Kind, und wenn ich mal was nicht konnte, war ich eindeutig nur zu faul. Obwohl mein IQ vermutlich nicht höher ist als bei den meisten Menschen, besitze ich in diesem Punkt heute noch ein gesundes Selbstvertrauen und habe keine Angst vor intellektuellen Herausforderungen.

Doch selten genug haben wir von unseren Eltern oder Lehrern und Lehrerinnen gehört: »Du schaffst das!« »Riskier ruhig mal etwas, mein Schatz« oder »Toll, wie du das gemacht hast.« »Was bist du für ein liebes und hübsches Mädchen.«

Viel häufiger wirken negative Sprüche auf uns ein. Wahrscheinlich werden sie selten in böser Absicht gesprochen. Meist sollen sie uns erziehen und auf den richtigen Weg bringen. Oder sie stammen aus persönlichen Überzeugungen und werden unbedacht geäußert.

Trotzdem können sie noch heute wie ein Fluch auf uns liegen, unseren Blick für unser Aussehen und unsere Fähigkeiten trüben, uns einschränken und uns daran hindern, uns so zu lieben, wie wir sind.

Von dieser Sorte war zum Beispiel mein zweiter Zauberspruch: Nach einem kurzen Blick auf mich verkündete meine Großmutter kategorisch: »Das ist aber ein häßliches Kind.« Sie fand, ich sähe einer Verwandten ähnlich, die sie absolut nicht mochte.

Tatsächlich war ich jahrelang davon überzeugt, nicht gut auszusehen. Erst als mir während der Studienzeit ein Job als Model angeboten wurde und ich genug Bestätigung von meinen Freunden und Freundinnen erhielt, konnte ich mein Äußeres allmählich akzeptieren.

So wird bei kleinen Mädchen die Schönheit weggehext

Natürlich reicht ein einzelner Satz nicht, um tiefgehend zu wirken. Solche Sprüche können jedoch Ausdruck eines allgemeinen Klimas sein, in dem das Kind aufwächst, oder sie verdeutlichen Werte und Normen, die in seiner Umgebung herrschen. Wenn man immer wieder das gleiche hört oder erlebt, höhlt steter Tropfen den Stein. Als Kinder sind wir beeinflußbar und haben den Zuschreibungen der Erwachsenen noch keine Lebenserfahrung oder psychologischen Kenntnisse entgegenzusetzen. Statt dessen glauben wir, was wir über uns hören, und verhalten uns danach – mit dem Effekt, daß wir genau die Prophezeiung erfüllen.

Negative Zaubersprüche über das Aussehen beeinträchtigen uns Mädchen und Frauen besonders, weil in unserer Gesellschaft weibliche Schönheit nach wie vor einen hohen Stellenwert besitzt. Sie führen dazu, daß wir uns auf unser Übergewicht oder unsere

Schlupflider konzentrieren und uns von diesen scheinbaren Mängeln tyrannisieren lassen.

Wie Barbara, dreißig Jahre alt, Architektin in Hamburg. »Du hast ja Sauerkrautstampfer« hänselten ihre Brüder sie wegen ihrer Beine. Einige Jahre später, als Barbara glücklich in den Armen ihrer ersten großen Liebe lag, begann der junge Mann plötzlich herzhaft zu lachen und sagte: »Was hast du bloß für komische Beine?«
Noch zehn Jahre später trug Barbara ausschließlich wadenlange Röcke und blickdichte Strümpfe. Den Sommer haßte sie. Lieber schwitzte sie, als sich von ihren Wallegewändern zu trennen. Eher ertrug sie es, insgesamt optisch für ein bißchen trutschig zu gelten, als ihre Beine zu zeigen.
Auf einem Seminar zum Thema »Persönlichkeit und Ausstrahlung«, an dem auch eine Modeberaterin teilnahm, ermutigten wir Barbara, uns doch einmal ihre Beine zu zeigen, die unter ihrem Rock kaum zu sehen waren. Nach ihren Schilderungen machten wir uns auf einiges gefaßt. Als Barbara etwas verlegen ihren Saum anhob, sahen wir ziemlich verblüfft ganz normal geformte Beine, die allenfalls ein bißchen mollig waren. Zuerst konnte Barbara unsere Rückmeldung gar nicht annehmen. Weil sie dann aber auf unsere Ehrlichkeit vertraute, ließ sie sich davon überzeugen, daß es keinen Grund zum Verstecken ihrer Beine gab.
Ein paar Wochen später sah ich zufällig Barbaras Bild in der Zeitung. Sie hatte einen Preis in einem Architekten-Wettbewerb gewonnen. Auf dem Foto erkannte ich sie kaum wieder: Sie trug ein schickes Kostüm in italienischer Länge, eine neue Frisur und strahlte. Offenbar hatte sich für sie innerlich ein Tor geöffnet, nachdem sie aufgehört hatte, auf ihren vermeintlichen Schwachpunkt zu starren. Solange sie ihre ganze Aufmerksamkeit darauf richtete, ihre Beine zu verdecken, kam der Rest zu kurz.
Meist führt der eingeengte Blick auf die »häßlichen Stellen« dazu, daß wir all das übersehen, was schön und reizvoll an uns ist. Die Hamburger Visagistin Astrid Wronsky, die schon viele Stars und Models, aber auch ganz normale Frauen geschminkt hat, sagt: »Anstatt die schönen Aspekte des Körpers zu betonen, geht's für

viele Frauen zu sehr darum, wie sich etwaige Makel kaschieren lassen. Dabei sind es oft gerade sie, die eine Persönlichkeit interessant machen.« Zum Beispiel die markante Nase, die Brille, der kleine Busen, die Körpergröße von einsachtzig.

Wie unser Selbstbewußtsein Kratzer bekommt

Zaubersprüche beziehen sich nicht nur gezielt auf einzelne äußere oder innere »Schwachpunkte« wie dicke Beine oder schlechte Leistungen in der Schule, sie können auch global sein. Dann wirken sie meist besonders stark und halten sich sehr hartnäckig: »Aus dir wird nie was.« – »Du kannst froh sein, wenn du überhaupt einen Mann kriegst.« – »Kinder mit 'nem Willen kriegen was auf die Brillen.« – »Frauen taugen sowieso nichts.« »Du endest noch mal genauso wie deine Tante Sophie.«
Manchmal werden sie nicht einmal in Worte gefaßt, sondern durch abschätzige Blicke, kaltes Lächeln oder bewußtes Übersehen vermittelt. Der Effekt ist jedoch stets der gleiche: Unser Selbstwertgefühl schrumpft.

Das Bild, das auf diese Weise in uns entsteht, hat nur wenig mit unserer tatsächlichen Persönlichkeit zu tun. Vielmehr ist es nichts anderes als die Summe der Familiensprüche, der Wert- und Moralvorstellungen und der uns so vermittelten Erfahrungen. Das Traurige ist nur: Wir verinnerlichen diese Sprüche so sehr, daß wir sie am Ende für die objektive Wahrheit halten und uns selbst damit »verzaubern«.
Wir beginnen, uns an anderen zu messen. An denen, die scheinbar liebenswerter, attraktiver und erfolgreicher sind als wir selbst. Heraus kommt – kaum verwunderlich – ein Bild des Ungenügens. Unser Selbstbewußtsein bekommt Kratzer, die wir geschickt zu verbergen suchen. Häufig gelingt es uns, etwa durch Leistung oder Anpassung, diese Kratzer zu kompensieren. Wir holen uns durch Tüchtigkeit oder besondere Liebenswürdigkeit die Anerkennung, die wir brauchen. Das baut uns zwar auf, trägt aber nicht wirklich.

In kritischen Phasen, eben auch dann, wenn wir einen Partner suchen, kann die Unsicherheit unvermutet wieder aufbrechen.

Ihr Fotoalbum bringt Sie auf die heiße Spur

Wie viele der Minuszeichen auf Ihren Listen sind wohl das Ergebnis solcher Zaubersprüche? Um das herauszufinden, möchte ich Ihnen einen Weg vorschlagen, der Ihre Erinnerung anregt:

■ Nehmen Sie Ihr Fotoalbum. Wählen Sie zehn Fotos aus, für je zehn Lebensphasen eines. Die Fotos sollen für Sie eine besondere Bedeutung haben, weil Sie sich darauf gefallen oder ablehnen oder weil Sie dadurch an ein wichtiges Erlebnis erinnert werden. Es spielt keine Rolle, ob Sie alleine oder mit anderen Personen auf dem Foto abgebildet sind. Wenn es möglich ist, lösen Sie die in ein Album geklebten Fotos heraus.
Die folgenden Phasen sollten durch ein Foto repräsentiert sein:

- ◆ Säugling
- ◆ Kleinkind
- ◆ Kindergartenalter
- ◆ Erstes Schuljahr
- ◆ Pubertät
- ◆ Jugendliche
- ◆ Außerdem: Vier Bilder für je eine wichtige Phase im Erwachsenenalter, z. B. eins von Ihrer Hochzeit, einem schönen Urlaub mit einer Freundin, mit Kind, nach der Scheidung, mit den Kollegen in der neuen Firma usw. Bestimmen Sie selbst, was für Sie Bedeutung hat.

■ Nehmen Sie einen großen Bogen Papier, und ordnen Sie die ausgesuchten Bilder darauf chronologisch an.
Lassen Sie bitte genügend Platz zwischen den einzelnen Fotos, damit Sie später etwas dazuschreiben können.

■ Geben Sie jedem Foto eine Überschrift, die Ihre Gefühle oder die damalige Situation in einem Satz charakterisiert, etwa: »Mamas Sonnenschein« oder »Endlich frei!«.

■ Überlegen Sie, an welche ausgesprochenen und unausgesprochenen (Zauber-)Sprüche Sie sich im Zusammenhang mit jedem Foto erinnern. Z. B. »Nimm dich nicht so wichtig« (Vater), »Na, du langes Ende, wie ist denn die Luft da oben?« (Mitschüler). Schreiben Sie diese Sätze jeweils zu dem Foto, und setzen Sie in Klammern hinzu, wer sie gesagt hat.

Diese Methode, verschütteten Einflüssen auf die Spur zu kommen, brachte in meinen Seminaren für viele Frauen sehr interessante Ergebnisse. Plötzlich waren sie alle wieder da, die magischen Sätze, die den Lebensweg von früh an begleitet hatten. Sogar solche, die gar nicht deutlich artikuliert wurden, aber doch eine klare Botschaft vermittelten, wie »Auffallen ist unfein« oder »Es kommt in erster Linie auf die inneren Werte an«.

Katrin, eine etwas spröde wirkende, betont sportlich gekleidete Bankangestellte, schrieb an ein Foto, das sie im Alter von neun Jahren mit Stoppelhaarschnitt und in Lederhosen zeigte, den Satz ihrer Eltern: »Eigentlich hättest du ein Junge werden sollen«. Sie hatte ihn schon fast vergessen. Nun brachte sie ihn zum erstenmal mit ihren gegenwärtigen Zweifeln in Verbindung, nicht weiblich genug zu sein.
Ulla, eine zurückhaltende Lehrerin, die darunter litt, daß sie oft von anderen unterschätzt und übergangen wurde, hatte neben ihrem Abitur-Foto den Satz »Da hast du ja wohl Glück gehabt« notiert. So hatte ihre Mutter ihr gutes Zeugnis kommentiert. Ulla fielen dann noch mehr abschätzige Bemerkungen dieser Art ein, die ihr Selbstwertgefühl verringert hatten.

Geben Sie die Zaubersprüche zurück!

Sigmund Freud war der Ansicht, daß alles, was aus der Verdrängung, dem scheinbaren Vergessen, ans Licht gehoben wird, dadurch bereits eine Heilung erfährt. Ganz so einfach ist es zwar nicht, aber es ist immerhin ein Anfang. Zuschreibungen, die ins Bewußtsein gelangen, verlieren ihren magischen Charakter. Unser erwachsenes Ich kann nun entscheiden, ob wir uns ihrer Macht weiter beugen oder ihr etwas entgegensetzen wollen. Leicht ist der Kampf gegen Zaubersprüche nicht, darüber dürfen wir uns keine Illusionen machen. Oft dauert es Jahre, bis die negativen Spuren tatsächlich getilgt sind, und manche werden sich vielleicht nie ganz auslöschen lassen. Eine Kollegin von mir formulierte es so: »Ich weiß, daß ich Wunden habe, die nie heilen werden. Aber ich kenne sie inzwischen und kann deshalb viel besser mit ihnen umgehen.« Wenn wir uns von unseren Zaubersprüchen lösen, gewinnen wir nicht nur mehr Selbstvertrauen und Lebensfreude, sondern auch mehr Ausstrahlung.

Als ersten konkreten Schritt auf diesem Wege können Sie die Zaubersprüche, mit denen Sie nicht länger leben möchten, an ihre Urheber zurückgeben. Betrachten Sie das ruhig als eine Art »Gegenmagie«. Die Methode des »Leeren Stuhls«, die Sie schon im »Ersten Schritt« (Seite 48) dieses Buches kennengelernt haben, läßt sich auch hier gut anwenden.

■ Setzen Sie in Ihrer Phantasie jeweils die Person auf den Stuhl, der Sie einen bestimmten Spruch verdanken. Sagen Sie ihr, daß er keine Gültigkeit mehr für Sie hat. Formulieren Sie, was Sie statt dessen von nun an über sich glauben wollen.

Katrin sagte zum Beispiel: »Papa, ich bin kein verhinderter Junge, sondern ein weibliches Wesen. Von jetzt an will ich eine Frau sein und weiblichere Kleidung anziehen!«

Ulla gab ihrer Mutter auf dem leeren Stuhl sämtliche Sprüche mit den Worten zurück: »Deine geringschätzigen Bemerkungen drükken nur deine eigenen Minderwertigkeitsgefühle aus, nichts über mich. Ich nehme sie nicht mehr an. Ich bin eine fähige und kompetente Frau und möchte in Zukunft auch so gesehen und behandelt werden.«

Es verlangt Zeit und Konzentration, sich so intensiv mit sich selbst zu beschäftigen. Aber da sich vermutlich für uns kein Prinz wie im Märchen durch die Dornenhecke schlägt, um uns zu erlösen, müssen wir das schon selbst tun. Das Paradoxe ist: Wenn wir es geschafft haben, haben wir die größten Aussichten, den richtigen Partner anzuziehen. Wir müssen ihn dann nämlich nicht danach aussuchen, wieviel Selbstbestätigung er uns gibt, sondern danach, wie gut er tatsächlich zu uns paßt. Als selbstbewußte Frauen sind wir auch davor gefeit, uns mit einem »Besser-den-als-keinen«-Mann einzulassen.

Wissen Sie, wie Sie wirken?

Unsere Persönlichkeit möglichst frei zu entfalten ist eine Sache. Eine andere ist, was davon wir nach außen geben. Sobald wir in Kontakt zu anderen Menschen treten, treffen wir unbewußt – oft aber auch ganz bewußt – eine Auswahl, welche Eigenschaften wir zeigen und welche wir verbergen möchten. Natürlich ist dabei nicht alles steuerbar. Vieles von dem, was wir anderen nur ungern über uns mitteilen, wie etwa Minderwertigkeitsgefühle oder eine depressive Stimmung, verraten wir trotz aller Anstrengung durch die Körpersprache. Im großen und ganzen jedoch haben wir es in der Hand, wie wir erscheinen möchten.

Was dabei herauskommt, ist, verglichen mit der Vielzahl unserer Eigenschaften, eine ziemlich eingeschränkte Darstellung unserer Person. Das gilt sogar dann, wenn man berücksichtigt, daß wir uns ja nicht jedem gegenüber gleich verhalten. Meiner Freundin zeige ich eine andere Seite als meinem Chef, und meine Kollegin sieht von mir ein anderes Gesicht als mein Urlaubsflirt. Trotz dieser Unterschiede entsteht in der Summe ein typisches Bild.

Wissen Sie genau, welches Bild Sie vermitteln? Wenn Sie Ihre Wirkung besser abschätzen möchten, können Sie das präzise überprüfen:

■ Schreiben Sie mindestens zwölf Eigenschaften auf, die für Sie im Umgang mit anderen Menschen typisch sind. Es kann durchaus sein, daß sie sich an manchen Stellen mit den vorausgegangenen Listen Ihrer Eigenschaften überschneiden. Zum Beispiel:

◆ Ich bin meist freundlich.
◆ Mir fällt es leicht, ein Gespräch anzufangen.
◆ Wenn ich mich unsicher fühle, rede ich zuviel.
◆ Ich gebe gerne mit meinen Erfolgen an.

- Ich rede am liebsten über meine Arbeit.
- Ich werde leicht rot.
- Mir fällt es schwer, über Gefühle zu sprechen.
  usw.

Wenn Ihre Auflistung ehrlich ist, gibt sie das Bild, das Ihre Umgebung von Ihnen erhält, recht gut wieder.

Eine sinnvolle Ergänzung ist auch hier die Rückmeldung durch andere. In Seminaren, in denen wir uns mit Persönlichkeit und Ausstrahlung befassen, lade ich zu einer Feedback-Runde ein. Dazu setzt sich eine Teilnehmerin nach der anderen auf den sogenannten »Heißen Stuhl«. Als erstes sagt sie, wie sie glaubt, daß sie auf andere Menschen wirkt. Dann teilen ihr die übrigen ehrlich mit, wie sie sie wahrnehmen.
In zahlreichen Feedback-Runden habe ich die Erfahrung gemacht, daß andere unsere innere und äußere Schönheit viel leichter sehen als wir selbst, aber auch manche Züge, die uns nicht so bewußt sind. Zum Beispiel, wenn wir arrogant oder brav erscheinen, ohne das selbst zu wissen. »Bin ich wirklich so?« ist dann oft die erstaunte Frage der Frau auf dem »Heißen Stuhl«.

Jede Maske ist auch ein wahres Gesicht

Psychologisch läßt sich unsere Selbstdarstellung als »Maske« bezeichnen. Leider ist dieses Wort im allgemeinen Sprachgebrauch vorbelastet. »Maske« klingt nach Falschheit und Sich-Verstecken. So ist es aber hier keineswegs gemeint. Vielmehr handelt es sich um einen sinnvollen Schutz, hinter dem wir Teile unserer Persönlichkeit verbergen, die wir nicht jedem offenbaren möchten. Und das ganz zu Recht! Es wäre ein Zeichen von Unreife und im Extremfall sogar von geistiger Verwirrung, würden wir ungefiltert preisgeben, was wir fühlen und denken. In diesem Sinne hat unsere Maske eine wichtige soziale Funktion.
Jeder Mensch trägt seine spezielle Maske, d. h. er stellt sich auf spe-

zifische Weise dar. Sogar dann, wenn wir uns nach außen anders geben, als wir uns tatsächlich fühlen, benutzen wir dazu einen echten Bestandteil unserer Persönlichkeit.

Von Hilarion Petzold, dem Begründer der Integrativen Therapie, stammt der Satz: »Jede Maske ist ein wahres Gesicht.« Er will damit sagen, daß wir schließlich nur etwas zeigen können, das wir zumindest als Anteil auch in uns tragen. Wir haben uns entschieden, genau diesen Aspekt im Umgang mit anderen vorwiegend herauszukehren.

Wir zeigen das, was uns vertraut ist

Erfahrungsgemäß wählen wir dafür ein Verhalten, das uns besonders leichtfällt, weil wir es schon von früher Kindheit an geübt haben. Vielleicht ist es objektiv gesehen längst nicht mehr günstig für uns, aber es ist uns vertraut und steht uns am schnellsten zur Verfügung.

So setzen wir zum Beispiel bevorzugt unsere Schlagfertigkeit, unsere Kompetenz oder unseren Charme ein. Oder wir zeigen unsere Hilflosigkeit, Strenge, gute Erziehung oder Zurückhaltung.

Zu unserer bewährten Maske greifen wir vor allem dann, wenn wir uns in einer kritischen Situation befinden. Dazu gehört auch die Situation, einen Mann kennenzulernen. In solchen Fällen gibt uns unser Verhaltensrepertoire die notwendige Sicherheit.

In meiner Praxis kann ich das regelmäßig überprüfen: Wenn eine Klientin oder ein Klient zu einem ersten Gespräch kommt, achte ich sorgfältig darauf, auf welche Weise sie oder er unsere Begegnung gestaltet. Es ist aufregend, wenn nicht gar angstbesetzt, zum erstenmal zu einer Psychotherapeutin zu gehen. Zum einen weiß man nicht, was für eine Person einen erwartet, zum anderen fürchtet man sich insgeheim davor, welche verborgenen Seiten wohl beim Gespräch ans Tageslicht kommen werden. Die meisten Menschen »greifen« deshalb unbewußt zu ihrem bewährten Verhalten.

Die eine Klientin stürmt die Treppe hoch, drückt mir kräftig die Hand und fängt schon in der Tür zum Beratungszimmer an, ihre Probleme zu schildern. Die andere steigt die Stufen zögernd hinauf, bleibt zunächst reserviert an der Eingangstür stehen und hat Mühe, zu erläutern, warum sie zu mir kommt. Aus der Art und Weise, wie sie ankommen und sich geben, erfahre ich ohne große Worte etwas über ihre Art, Kontakt mit anderen Menschen zu knüpfen, und oft auch schon etwas über ihre Schwierigkeiten.

Nun bin ich geschult, auf diese Dinge zu achten. Ich bin aber sicher, daß die Maske, die Menschen zeigen, auch für jemanden ohne psychologische Vorkenntnisse eine ganz bestimmte Wirkung hat. Deshalb ist es wichtig, daß wir die eigene kennen und die Resonanz anderer darauf abschätzen können. Andernfalls kann es passieren, daß wir genau das Gegenteil von dem erreichen, was wir uns wünschen.

Sabine, eine noch wenig bekannte, aber talentierte Malerin, hält es für originell, sich provozierend zu geben. Am liebsten erscheint sie in der Maske des »enfant terrible« und gewinnt damit tatsächlich eine gewisse Aufmerksamkeit. Kürzlich war sie bei einem Kunst-Mäzen zu einem offiziellen Essen eingeladen. Sabine versprach sich viel von der persönlichen Begegnung und rechnete damit, für ihre Malerei finanzielle Unterstützung zu erhalten. Ihr Tischherr war der Chefredakteur einer bekannten Frauenzeitschrift. Sabine provozierte ihn in ihrer »bewährten« Manier, indem sie frozzelte: »So, so, Sie geben sich als Mann tatsächlich mit diesen Nähkästchen-Geschichten ab?« Der Redakteur hatte leider nicht genug Humor, um diese Bemerkung witzig zu finden. Er war gekränkt. Pech für Sabine, daß er ein guter Freund des Mäzens war und sich bei ihm negativ über sie äußerte.

Wie Sabine mit Zufallsbekanntschaften, Kollegen oder Freunden umgeht, so wird sie sich vermutlich auch verhalten, wenn ihr auf ihrer Suche nach dem passenden Partner ein Mann begegnet.

Wenn wir einsehen müssen, daß wir mit einem bestimmten Verhalten bei anderen nicht gut ankommen, sollten wir daran arbeiten, anstatt lässig oder resigniert zu sagen: »Ich bin nun mal so.«

Optische Signale unterstreichen
unser Verhalten

Unser Verhalten ist nicht das Einzige, durch das wir wirken. Unterstrichen wird unsere Wirkung durch die optischen Signale, die wir gleichzeitig senden.
Nicht umsonst bezeichnet man die Kleidung als »zweite Haut«. Sie macht unsere Persönlichkeit – das, was wir davon zeigen wollen – sinnlich sichtbar. Die Wechsel-Wirkung zwischen Senderin und Empfänger(in) ist dabei kaum zu unterschätzen.

Die Journalistin Ulrike Fischer hat das kürzlich am eigenen Leibe ausprobiert. Für eine Reportage schlüpfte sie, von einem Profi-Team unterstützt, in vier verschiedene Outfits und testete ihre Wirkung: Cool als Karriere-Frau, edel und teuer als Dame der Gesellschaft, sexy in einem schwarzen Spitzenfummel und öko-mäßig in der Jeans-Latzhose. Sie wollte wissen: »Kann man seine Umgebung mit ein bißchen Optik und passendem Zubehör tatsächlich so schnell beeindrucken, womöglich sogar das Verhalten anderer beeinflussen?« Ihr Fazit: »Ich habe es selbst erlebt: Man kann!«

Signale wie Frisur, Kleidung und Make-up funktionieren in unserem Kulturkreis nach ziemlich übereinstimmenden Regeln. Wenn Julia Roberts als »Pretty Woman« mit kniehohen Lackstiefeln, in Minirock und knappem Bustier über den Rodeo Drive stöckelt, wird sie als leichtes Mädchen identifiziert. Im Designer-Kleid mit Hut und Handtasche dagegen geht sie problemlos als Society-Lady durch.

Wahrscheinlich werden sich die meisten von uns weder in der einen noch der anderen Weise extrem kleiden. Dennoch sollten wir uns in jedem Fall des Signalwertes unserer Kleidung bewußt sein.

Äußerlichkeiten werden von anderen in Sekundenschnelle bewertet und einsortiert. Unser Gegenüber schließt daraus, wer wir sind, woher wir kommen und was wir wollen.

Sage mir, was du anziehst …

Falls Sie nicht ganz sicher sind, zu welchen Signalen Sie hauptsächlich tendieren, können Sie das mit dem folgenden Test herausfinden:

■ Schreiben Sie zunächst mindestens zwanzig Kleidungsstücke und Accessoires auf, die Sie häufig und gerne tragen. Es ist egal, ob es sich um Winter- oder Sommergarderobe, um Freizeit- oder Berufslook handelt. Zum Beispiel:
  ◆ Turnschuhe
  ◆ Marlene-Dietrich-Hose
  ◆ Overall
  ◆ Twinset
  ◆ Perlenkette
  ◆ Faltenrock
  ◆ Große Silberkreolen
  ◆ Seidentop
  ◆ Roter Ledermini
    usw.

■ Ordnen Sie nun jedes Kleidungsstück einer der folgenden Stilrichtungen zu, indem Sie dafür nach Ihrer Einschätzung ein Kreuz hinter einen der folgenden Stile machen:
  ◆ elegant
  ◆ sportlich
  ◆ extravagant
  ◆ romantisch
  ◆ weiblich
  ◆ konservativ
  ◆ damenhaft

- natürlich
- sachlich
- lässig
- sexy
- wild
- klassisch

Ihr Erscheinungsbild entspricht der Stilrichtung, hinter der Sie die meisten Kreuze gesammelt haben. Natürlich sind auch Mischformen möglich. Das ist dann der Fall, wenn Sie die gleiche Anzahl Kreuze hinter verschiedenen Stilformen gemacht haben. Sollten es jedoch mehr als vier unterschiedliche Richtungen sein, können Sie davon ausgehen, daß Sie auf Ihre Umwelt etwas verwirrend wirken, zumindest aber schwer einzuordnen sind.

Senden Sie die richtigen Signale?

Wenn Sie genau wissen, wie Sie durch Ihr Verhalten und Ihre Kleidung wirken, bleibt noch die Frage offen, ob Sie damit auch die richtigen Signale senden, folglich auch, ob Sie auf diese Weise den *passenden* Partner auf sich aufmerksam machen.

»Für den ersten Eindruck gibt es keine zweite Chance«, so steht es in vielen Beratungsbüchern. Da ist etwas dran. Bevor wir noch Gelegenheit finden, unsere guten Seiten zu zeigen, ist das Interesse des anderen eventuell schon erloschen – durch falsche Signale. Oder wir ziehen jemanden an, der auf die Dauer kaum der Richtige ist.

Annabel trägt mit Vorliebe Schwarz und raucht Zigaretten mit Spitze. Sie läßt gerne ihre Lebenserfahrung durchblicken und ist immer da, wo etwas Besonderes läuft, bei einer Ausstellungseröffnung, einem Konzert oder auf einer Party. Annabels Auftreten führt dazu, daß sie reihenweise »exotische« Typen anzieht. In den letzten drei Jahren waren es unter anderem ein Filmregisseur, ein Musikstudent, ein Architekt und ein Maler. Dabei ist Annabel im Grunde ihres Herzens alles andere als eine Exzentrikerin. Sie hat eher mütterliche Züge und möchte sich gerne auf einen Mann fürs Leben konzentrieren. Sie glaubt jedoch, daß sie nur dann interessant ist, wenn sie sich extravagant gibt. Also kehrt sie diese Seite heraus.
Genau die Diskrepanz zwischen ihrem Erscheinungsbild und ihrem Wesen tragen aber zu ihrem Pech in der Liebe bei: Zunächst fliegen die Männer auf sie, die in ihr eine Gleichgesinnte vermuten. Sobald sie merken, daß hinter Annabels Glitzerfassade ein ruhiges Wesen steckt, langweilen sie sich und beenden über kurz oder lang die Beziehung. Dieser Teufelskreis wird vermutlich erst dann

durchbrochen, wenn Annabel nicht mehr die Femme fatale spielt.

Lisa, 31 Jahre, Produktmanagerin in einem großen Konzern, hat ein ähnliches Problem, aber im wahrsten Sinne des Wortes in einem anderen Gewand. Lisa ist makellos, gut angezogen. Bloß: Warum fällt sie niemandem auf? Warum nimmt niemand von ihr Notiz? Es ist ihr nicht bewußt, daß sie mit ihrer Kleidung eine Art Tarnkappe aufgesetzt hat. Sie kleidet sich korrekt, aber ohne jeden Pfiff. So wirkt sie farblos, obwohl sie es ihrem Wesen nach gar nicht ist. Mit den gediegenen Herren und smarten Yuppies, die sich hier und da für sie interessieren, kann sie aber wenig anfangen.

»Dann mach ich mir 'nen Schlitz ins Kleid und pfeife auf die Sittlichkeit«

Auch Kleidung mit erotischem Touch hat einen bestimmten Signalwert. Sally wundert sich immer, warum ihr die Männer dauernd eindeutige Angebote machen. Sie ist blind für den Zusammenhang mit ihren großzügigen Dekolletés und ihren lockeren Sprüchen. Untersuchungen haben ergeben, daß Männer darauf ziemlich prompt reagieren. Leider aber nur gezielt auf das Signal und weniger auf die ganze Person!

»Wieso soll ich mich nicht sexy kleiden, bloß weil ich damit bestimmte Signale setze?« beschwerte sich eine junge Frau bei mir in einer Diskussionsrunde zum Thema »Von der Liebe enttäuscht«. »Das ist doch genauso blödsinnig und unemanzipiert wie der Vorwurf, eine Frau im Minirock würde zur Vergewaltigung einladen.«
Ich konnte sie davon überzeugen, daß es mir nicht darum geht, den moralischen Zeigefinger zu erheben. Jede Frau soll sich unbedingt genau so sexy kleiden, wie sie möchte. Nur muß sie wissen, was sie damit bewirkt, und sich fragen, ob es das ist, was sie will.
Verhalten und Kleidung sollten nicht nur mit einem kleinen Teilbe-

75

reich unserer Persönlichkeit übereinstimmen. Signale sind meist dann falsch, wenn sie nur die Seite repräsentieren, die wir für publikumswirksam und attraktiv halten, die aber unser wahres Wesen nicht ausreichend trifft. Dann wird unsere Maske leicht zur Fassade, hinter der wir uns verstecken. »Du bist ja richtig lieb«, sagte einmal ein Mann verblüfft zu mir, nachdem er hinter meine wilde Fassade aus auffälligem Verhalten und extremem Outfit geschaut hatte. Ich weiß noch, daß mir das damals richtig peinlich war und ich mir regelrecht entlarvt vorkam. Heute versuche ich, durch mein Verhalten und meine äußere Erscheinung soviel wie möglich von meiner wahren Person auszudrücken.

Signale zu verändern kostet Überwindung

Wenn Sie Ihre bisherigen Signale ändern möchten, ist das zu Beginn gewiß nicht einfach, vor allem, wenn Sie sich über Jahre an eine bestimmte Form der Selbstdarstellung gewöhnt haben. Dann macht es ziemlich angst, sie aufzugeben.

So geht es zum Beispiel Senta, die sich mit ihren dreiunddreißig Jahren noch immer so schrill stylt wie mit dreiundzwanzig. Sie hat durchaus Erfolg mit ihren dramatischen Auftritten, die ihrer Umwelt deutlich signalisieren: »Ich bin eine temperamentvolle Frau!« Aber es kostet sie zunehmend Kraft, so wild daherzukommen. Manchmal würde sie es viel mehr genießen, etwas gemäßigter zu erscheinen. Doch ohne ihre bewährte Maske hat sie Angst. Es könnte ja passieren, daß überhaupt keiner mehr guckt.
Wenn Senta Signale senden möchte, die besser zu ihr passen, muß sie nicht gleich zur grauen Maus mutieren. Es reicht, wenn sie fürs erste auf die getigerte Brille und die riesigen Ohrclips verzichtet – und dann überprüft, ob man sie nun wirklich übersieht. Außerdem könnte sie versuchsweise im vertrauten Kreis ihre sensible Seite und ihre Nachdenklichkeit deutlicher werden lassen und dabei vielleicht die Entdeckung machen, daß sie auch damit gut »ankommt«.

76

Umgekehrt ist es ebenso. Wenn wir uns entschließen, endlich mehr ins Rampenlicht zu treten, unsere bunten, extravaganten und sinnlichen Facetten zu zeigen, geht das auch nicht von heute auf morgen. Wir müssen uns Zeit lassen, in die neue Erscheinungsform hineinzuwachsen. Andernfalls wirkt sie eher wie eine Verkleidung.

Ich möchte es auf die Formel bringen: Signale sind richtig, wenn sie soviel wie möglich von unserer wahren Persönlichkeit widerspiegeln. Das zu erreichen, sollten wir versuchen, auch wenn wir zunächst Angst haben oder unsicher sind.

Carl Rogers, der große alte Mann der Psychotherapie und Begründer der Gesprächstherapie, wies bei seinen Klienten und in seinen Büchern stets darauf hin, wie wichtig es ist, sich so zu geben, wie man ist. Er bezeichnete das als »Echtheit« (Congruence).

In Hunderten von Workshops und Encounters (»Begegnungen«) mit den unterschiedlichsten Gruppen erlebte er immer wieder, daß die Frauen und Männer um so mehr angenommen und gemocht wurden, je offener sie sich gaben und je weniger sie sich hinter einer Fassade versteckten. Von Rogers stammt ein Satz, den ich sehr schätze. Meiner Ansicht gibt er auch einen Hinweis darauf, wie wir den passenden Partner anziehen können. Er lautet: »Wie soll ich dich lieben, wenn ich dich nicht sehe?«

Wenn ich einen interessanten Mann kennenlerne, reagiere ich völlig verkrampft

Die bisher beschriebenen Wege, sich über die eigene Erscheinung klarer zu werden und sie gegebenenfalls zu verändern, liegen weitgehend im Bereich unseres bewußten Verhaltens. Wenn ich meine Selbsterkenntnis erweitere, kann ich viel erreichen.
Ich möchte damit aber nicht den Eindruck erwecken, daß alles von vornherein in unserer Macht liegt. Ich weiß wohl, daß wir uns manchmal wider besseres Wissen wie unter einem Zwang völlig ungeschickt und falsch verhalten, gerade dann, wenn es darauf ankommt und uns an der betreffenden Person viel liegt.

»Ich hätte gerne einen Freund«, sagte eine Zuhörerin in der Diskussionsrunde nach einem Vortrag. »Ich treffe auch hier und da einen Mann, der mir gut gefällt. Und dann geht es los: Anstatt nun besonders nett und freundlich zu sein, reagiere ich pampig. Einer hat schon mal gemeint, ich sei wohl ziemlich arrogant. Das bin ich gar nicht. Alle, die mich näher kennen, können das bestätigen. Aber ich werde automatisch so merkwürdig, wenn mich ein Mann ernsthaft interessiert.«

Katrin, eine 29 Jahre alte Apothekerin, berichtete in einem Single-Seminar ähnliches: »Manchmal gehe ich allein in die Disco. Meist stehe ich dann an der Bar und trinke was. Vom Sehen finde ich schon den einen oder anderen Mann gut. Ich hoffe immer, daß mal einer auf mich zukommt und mit mir tanzen oder sich unterhalten will. Fehlanzeige. Ich muß wohl irgendwas Abschreckendes an mir haben.« Da Katrin nun wirklich weder häßlich noch unsympathisch ist, war zu vermuten, daß sie sich in irgendeiner Form selbst blockierte.
Um das herauszufinden, schlug ich ihr vor, doch mal in einem Rollenspiel zu überprüfen, was eigentlich in einer solchen Situation genau passiert.

Wir inszenierten die Disco-Szene: Ein Tisch stellte die Bar dar, einige Teilnehmerinnen spielten die männlichen Disco-Besucher. Katrin instruierte vorab alle Mitspielerinnen, wie sie sich möglichst echt zu verhalten hätten.

Dann kam ihr Auftritt. Sie stellte sich an die Bar. Dabei sah sie über die Köpfe der »Männer« hinweg. Mit der linken Hand hielt sie ihren rechten Ellenbogen fest. Ihre ganze Körpersprache vermittelte: »Laßt mich bloß in Ruhe.«

Genau diese Botschaft kam auch bei den Frauen an, die die Disco-Besucher spielten. »An dich würde ich mich nicht herantrauen«, sagte die eine. »Du wirkst so unnahbar«, die andere. »Als ob du deine Ruhe haben willst ...«, ergänzte eine dritte. Und was ging in Katrin selbst vor? Als ich sie danach fragte, konnte sie sich zunächst nur an ein allgemeines Gefühl des Unbehagens erinnern. Ich bat sie, noch einmal die Position an der Bar einzunehmen und dann ihre Gedanken laut auszusprechen. Spontan sagte sie: »Die denken jetzt bestimmt, ich will was von ihnen« und »So was tut man nicht. Man bietet sich als Frau nicht an.«

Bei Aussagen dieser Art werde ich immer hellhörig. Meist stammen sie aus einem Bereich der Persönlichkeit, den Eric Berne das »Eltern-Ich« nennt. Das heißt, daß wir Regeln unserer Eltern verinnerlicht haben und uns – ohne es uns bewußt zu machen – danach richten.

Als ich Katrin fragte, wen sie denn diesen Satz sagen hört, kam wie aus der Pistole geschossen: »Meine Mutter.« Die Botschaft der Mutter, eine »anständige« Frau müsse zurückhaltend sein, führte dazu, daß Katrin zwar als emanzipierte Frau allein ausging, sich dann aber total abweisend verhielt.

**Der Dauersender im Kopf –
wie gut ist sein Programm?**

Katrin ist ein typisches Beispiel dafür, wie sehr wir uns unbewußt von unseren Gedanken leiten lassen. Jeder Gedanke ist wie eine Stimme im Kopf. Häufig redet nicht nur eine einzige, sondern ein ganzer Chor von Stimmen auf uns ein.

Vielleicht klingt das für Sie ein bißchen schizophren, aber achten Sie einmal selbst darauf: Den ganzen Tag über führen wir innerlich Selbstgespräche. Wir tagträumen, überlegen, was wir zum Mittagessen kochen, grübeln, warum unsere Freundin am Telefon so kurz angebunden war, erinnern uns an den letzten Urlaub, planen das kommende Wochenende, erwägen, ob wir eine Gehaltserhöhung fordern sollen.
Die inneren Stimmen schweigen keine Minute still. Nicht umsonst müssen die Anhänger des Zen-Buddhismus sich jahrelangen Meditationsübungen unterziehen, um irgendwann einmal wenigstens für kurze Zeit ihre Gedanken völlig abschalten zu können.

Der Dauersender in unserem Kopf sendet nicht nur allgemeine Überlegungen für die Alltagsbewältigung, sondern erteilt uns auch jede Menge Instruktionen nach dem Motto »Das ist gut für dich.« – »Das mußt du tun.« – »Das darfst du.« Und: »Das darfst du nicht.«
Aber: Wie ein Computer gibt er nur wieder, was im Laufe unseres Lebens in ihn hineingefüttert wurde. Eben auch die Moralvorstellungen unserer Eltern. Nach denen handeln wir. Das läuft oft ähnlich unbewußt ab wie das Schalten bei langjährigen Autofahrerinnen.

Innere Stimmen sind auch dann im Spiel, wenn wir uns merkwürdig, unnatürlich oder verkrampft verhalten, sobald wir auf der Suche nach einem Partner sind oder einem Mann begegnen, der uns ernsthaft interessiert. Nie sind es positive Stimmen, sondern solche, die uns herunterziehen oder behindern. Das Dumme ist

80

nur, daß sie so blitzschnell zum Zuge kommen, daß wir sie meist gar nicht wahrnehmen. Wir denken schließlich nicht in aller Ruhe und ganz sachlich: »Ich bin zu dick, bin nicht so modisch angezogen wie die anderen hier und habe auch den neuesten Film, von dem alle gerade sprechen, noch nicht gesehen. Also werde ich mich jetzt auf dieser Party möglichst in die Ecke stellen und mich linkisch verhalten, sobald mich ein Mann anspricht.« Bewußt ist uns höchstens ein vages Gefühl von Traurigkeit oder Ungenügen und unsere verkrampfte Reaktion, die fast »ohne unser Zutun« abläuft und für die wir uns hinterher oft ohrfeigen könnten.

Wir denken auch nicht in aller Klarheit: »Oh, dieser Mann ist aber toll. Er sieht gut aus und hat eine sympathische Art. Gewiß verlieben sich viele Frauen in ihn. Da wird er sich bestimmt nicht gerade für mich interessieren, wo ich schon die ersten Falten kriege und nichts Besonderes zu erzählen weiß. Wahrscheinlich mag er lieber junge Frauen, die vor Temperament sprühen.« Wir fühlen uns bloß irgendwie unterlegen und geben auf, bevor wir noch den Versuch gewagt haben, uns zu nähern.

Identifizieren Sie Ihre inneren Stimmen

Ein Schlüssel zur Veränderung liegt darin, daß wir die Stimmen in uns identifizieren. Dazu müssen wir etwas Abstand zu uns selbst entwickeln und in uns hineinhorchen, anstatt gleich zu reagieren. Das klingt schwierig, ist aber reine Übungssache.
Wenn Sie es wollen, werden Sie nach und nach die Fähigkeit entwickeln, immer genauer festzustellen, welche Stimme es ist, die Sie gerade beeinflußt. Schon die nächste Situation dieser Art kann eine gute Gelegenheit sein, damit anzufangen. Gehen Sie ihr deshalb nicht ängstlich aus dem Weg, sondern suchen Sie sie im Gegenteil auf:

■ Sobald Sie das Gefühl haben, Sie stehen bei der Begegnung mit einem Mann mal wieder neben sich, drehen besonders auf, fühlen sich klein und häßlich, werden stumm und angepaßt und verhalten sich anders als mit einer Freundin, dann richten Sie Ihre Aufmerksamkeit nach innen, und fragen Sie sich »Was denke ich jetzt?«.

■ Identifizieren Sie die Stimme, die Ihre Gefühle und Ihr Verhalten begleitet. Machen Sie sich die Sätze deutlich bewußt. Mit Sicherheit ist es eine negative Stimme, die Ihnen Ihre psychische Kraft raubt. Sie sagt etwa: »Mach dich doch nicht lächerlich.« – »Dräng dich bloß nicht auf, warte lieber ab.« – »Wenn er dich erst näher kennenlernt, findet er dich sowieso unmöglich.« – »Laß ihn bloß nicht merken, daß du dich in ihn verliebt hast.« – »In deinem Alter sollte man nicht mehr so verrückt sein.« – »Nimm erst mal ein paar Pfund ab, bevor du dich auf die Tanzfläche traust.«

■ Als nächsten Schritt setzen Sie dieser negativen Stimme ganz entschieden eine positive entgegen.
Sie können sich zum Beispiel sagen: »Ich bin eine liebenswerte Person. Es besteht kein Grund, daß ich mich in den Augen dieses Mannes kleinmache oder selbst geringschätze.« Oder, wie in Katrins Fall: »Es ist keine Schande, daß ich einen Partner suche. Und es ist völlig in Ordnung, daß ich alleine in dieses Lokal gehe.«

Geben Sie der positiven Stimme die Macht

Wie Sie sich fühlen, und wie Sie sich verhalten, das bestimmt die innere Stimme, der Sie die Macht geben und der Sie willig zuhören.
Dafür gibt es eindrucksvolle Belege, die weit über das Thema Partnersuche hinausgehen. Der amerikanische Krebs-Arzt Carl Simonton und seine Frau, die Psychologin Stephanie Matthews-Simonton, haben zum Beispiel herausgefunden, daß die inneren Stimmen über Gesundheit und Krankheit, über Leben und Tod mitentscheiden können. Von Patienten, die dieselbe Krebsart im gleichen Stadium hatten, überlebten die oder wurden geheilt, die

82

mit gezielten positiven Autosuggestionen – das ist bloß ein anderes Wort für die inneren Stimmen – um ihre Gesundheit kämpften.

Daß sich die inneren Stimmen sichtbar auswirken, demonstrierte auch der Psychologe Serge King kürzlich auf einem Workshop. Er bat eine Frau aus dem Publikum, ihren rechten Arm nach vorne auszustrecken. Im Vortest versuchte er, ihn mit normaler Kraft herunterzudrücken, während die Frau mit Muskelanspannung dagegenhielt. Es gelang ihm nur schwer.

Nun folgte die eigentliche Demonstration: King forderte die Frau auf, etwas Negatives über sich zu denken, z. B.: »Ich bin nichts wert«. Während sie das dachte, konnte er ihren Arm mit Leichtigkeit nach unten drücken. Danach sollte die Versuchsperson etwas Positives über sich denken. Tatsächlich gelang es King in dieser Phase nicht, ihren Arm herabzudrücken.

Was wie ein Zaubertrick erscheint – den Sie übrigens gerne selbst ausprobieren können – beweist, wie wirksam innere Stimmen sind.

Das sollte für uns Grund genug sein, uns auch während der Suche nach einem Partner sorgfältig um die Stimmen zu kümmern, die uns dabei innerlich begleiten. Um zu entscheiden, ob wir das, was wir hören, akzeptieren sollen oder nicht, hilft eine einzige Frage: »Nützt es mir?« Wenn nicht, ist es an der Zeit, die negative Stimme zu ersetzen.

Vermutlich wird sich die positive Stimme nicht von heute auf morgen gegen die negative durchsetzen. Dr. Shad Helmstetter, der sich intensiv mit der Wirkung von Selbstgesprächen beschäftigt hat, weiß: »Das Gehirn ist dazu geschaffen, Gewohnheiten zu folgen. Es ist nicht dafür vorgesehen, leichtfertig von einem Verhaltensmuster zum nächsten zu springen. Das Gewicht der alten Programmierung ist zu schwer, um es mit einem Handschlag vom Tisch zu fegen …, aber das heißt noch lange nicht, daß es unmöglich ist, Fortschritte zu machen.« Zuerst wird die positive Stimme vermutlich zittrig und leise sein und Mühe haben, sich gegen die negative zu behaupten. Dennoch sollten Sie die Diskussionsrunde im Kopf so lange durchstehen, bis die Argumente, die gut für Sie sind, gesiegt haben.

Silvia hat das inzwischen geschafft. Immer wenn sie früher einen Mann kennenlernte, der ihr gefiel, verlor sie ihre Natürlichkeit. Schon beim ersten Treffen wurde sie »brillant«, das heißt, sie fing an, so richtig aufzudrehen. Sie erzählte pausenlos interessante Geschichten, gab mit ihrem tollen Job als Texterin einer Werbeagentur an, war schlagfertig und witzig. Anstatt hingerissen zu sein, waren die Männer von ihrem Feuerwerk aber wohl eher verschreckt und ergriffen bald die Flucht.

Ich bat Silvia, doch einmal in sich hineinzuhorchen, welche Stimme sich bei diesem Verhalten in ihr meldete. Sie fand heraus, daß ihre innere Stimme sagte: »Was du nicht an Schönheit hast, mußt du mit Power wettmachen. Sei wenigstens unterhaltsam, sonst ist ja gar nichts an dir dran.«

Silvia entwickelte nach und nach eine positive Gegenstimme, die sagte: »Ganz ruhig, nicht so hektisch. Wenn du erst auf den zweiten Blick interessant bist, reicht das völlig aus. Du mußt niemanden beeindrucken.« Als sie anfing, diese neue innere Stimme zu erproben, wurde sie zuerst richtig kribbelig. Denn nun entstanden Pausen im Gespräch, und sie spürte deutlich eine gewisse Verlegenheit. Aber es gelang ihr zunehmend besser, auf ihr bisheriges automatisches Verhalten zu verzichten. Sie wurde aufmerksamer für sich. Sobald sie wieder anfangen wollte, »das Pfauenrad zu schlagen«, wie sie es nannte, ließ sie ihre positive Stimme zu Wort kommen und reagierte daraufhin viel gelassener. »Es funktioniert wirklich!« bestätigte sie.

Ich möchte Ihnen ans Herz legen, sich mit Ihren inneren Stimmen vertraut zu machen und die negativen gegen positive auszutauschen. Sie werden erleben, wie sich nach und nach der Automatismus auflöst, der Sie vielleicht gegenwärtig noch dazu zwingt, sich anders zu geben, als Sie wirklich sind: locker, liebenswert und selbstbewußt.

Dritter Schritt

Die inneren Blockaden abbauen

Ergründen Sie Ihre
verborgene Zwiespältigkeit

Haben Sie schon mal etwas von ganzem Herzen gewollt? Dann wissen Sie sicher, welche ungeahnten Kräfte der Wille freisetzen kann. Wir entwickeln Geduld, Ausdauer und Selbstdisziplin, wir opfern unsere Zeit und unsere Energie. Selbst wenn zwischendurch Rückschläge kommen, rappeln wir uns wieder auf, schöpfen neuen Mut und machen weiter, so lange, bis wir endlich haben, was wir uns wünschen.

Als Thomas Alva Edison, der Erfinder der Glühbirne, von einem Besucher gefragt wurde: »Mr. Edison, sind Sie nicht frustriert darüber, wie viele vergebliche Versuche Sie machen mußten, um endlich ans Ziel zu gelangen?«, antwortete er erstaunt: »Wieso vergebliche Versuche? Das waren lauter nützliche Methoden, mich zu lehren, wie es nicht funktioniert.«

Fester Wille bringt Energie

Nicht nur geniale Menschen entwickeln diesen uneingeschränkten Willen, trotz aller Hindernisse zu bekommen, was sie sich vorstellen. Wenn ich mich in meiner Umgebung umschaue, finde ich auch dort genügend Beispiele:

Etwa Elke, die ich als Trainerin in einem Fitneß-Studio kennenlernte. Elke träumte seit längerem davon, Meeresbiologin zu werden, aber sie hatte nur die mittlere Reife. Also ging sie mit sechsundzwanzig noch einmal zur Schule und machte in Abendkursen ihr Abitur nach. Sie strengte sich mächtig an, damit ihr Notendurchschnitt am Ende für das gewünschte Studienfach auch ausreicht. Tagsüber gab sie weiterhin Trainingsstunden, um ihren

Lebensunterhalt zu verdienen. Und sie schaffte es. Inzwischen studiert sie im zweiten Semester Meeresbiologie und erzählt in den Pausen zwischen den Gymnastikübungen begeistert, in welcher Sprache sich die Delphine verständigen oder was für faszinierende kleine Lebewesen es im Wasser gibt.

Oder Dorothee, die bei einer Größe von 1,65 m achtzig Kilo auf die Waage brachte. Natürlich hatte sie es schon mit Crash-Diäten versucht, aber nie lange durchgehalten. Als ihre achtjährige Tochter sie eines Tages verlegen bat: »Mami, komm bitte lieber nicht zum Schulfest, die anderen Kinder lachen mich sonst aus, weil du so dick bist«, wußte sie, daß ernsthaft etwas passieren mußte. Mit eisernem Willen und einer guten Diät schaffte sie es, zwanzig Kilo abzunehmen. Seitdem hält sie ihr Gewicht.

Ein festes Ziel vor Augen zu haben mit dem eindeutigen Wunsch, es zu erreichen, ist der beste Weg zum Erfolg. Das ist nicht nur meine persönliche Meinung. In meinem Arbeitszimmer stehen im Regal auf drei Metern Bücher zum Thema Karriereplanung und Erfolg im Beruf. Trotz unterschiedlicher Techniken und Strategien läßt sich die Theorie in sämtlichen dieser Werke auf einen Nenner bringen: »Setzen Sie sich ein Ziel, und verfolgen Sie es konsequent.« Wobei »konsequent« nicht bedeutet, blind draufloszustürmen, sondern alle Möglichkeiten auszunutzen und solange an sich zu arbeiten, bis man die besten Voraussetzungen hat.

Zwischen dem Ziel, abzunehmen, zu studieren oder Karriere zu machen, und dem Ziel, den passenden Partner zu finden, besteht in diesem Punkt kein Unterschied: Wir müssen es wirklich wollen, sonst wird nichts daraus.

Sind Sie ein »Ja-aber«-Typ?

Klientinnen oder Klienten, die ihre Wünsche ständig mit einem Gegenargument sabotieren, werden in der Psychotherapie manchmal etwas salopp als »Ja-aber«-Typ bezeichnet. Sie sagen zum Beispiel: »Ich will mich gar nicht dauernd mit meinem Mann streiten, aber er benimmt sich so furchtbar, daß ich einfach ausraste« oder »Ich möchte wirklich gerne wieder arbeiten, aber mit vierzig stellt mich keiner mehr ein.« Der Effekt ist ähnlich, als ob Sie im Auto mit angezogener Handbremse Vollgas geben. Sie kommen nur sehr langsam oder gar nicht voran.

Jedes »Aber« deutet auf einen inneren Zwiespalt hin, der uns die Kraft nimmt, uns ganz unserem Ziel zu widmen. Ambivalenz, das lateinische Fremdwort für Zwiespalt, drückt noch deutlicher aus, was dabei in uns vor sich geht. Übersetzt bedeutet es so viel wie »Zwei Dinge sind gleich viel wert«. Wenn wir zwiespältig oder ambivalent sind, wirken zwei gegensätzliche Kräfte gleichzeitig auf uns ein, mit dem Ergebnis, daß sich kaum etwas rührt. Im psychischen Bereich herrscht offenbar das gleiche Gesetz wie in der Physik.

Auf die Partnersuche übertragen bedeutet das: Solange ich nicht von ganzem Herzen ja dazu sage, einen Partner zu suchen und eine verbindliche Beziehung mit ihm einzugehen, bleibt es dem Zufall überlassen, ob es jemals klappen wird. Meine Anstrengungen werden sich dann vielleicht in halbherzigen Versuchen erschöpfen oder vielleicht sogar vergeblich bleiben.

Eine Reise in der Zeitmaschine

Vermutlich halten Sie dieses Buch in der Hand, weil Sie sich eine Partnerschaft wünschen. Trotzdem möchte ich Sie fragen: »Sind Sie sich dessen auch wirklich sicher?«
Die wichtigste Voraussetzung, eine befriedigende Beziehung zu bekommen, ist, sie zielbewußt und ohne Vorbehalte zu wollen. Wenn

Sie sich in diesem Punkt unsicher fühlen, schlage ich Ihnen ein Experiment vor, das Ihnen möglicherweise mehr Klarheit verschafft.

■ Setzen oder legen Sie sich bequem hin. Schließen Sie die Augen. Lockern Sie die Partien Ihres Körpers, in denen Sie Spannung spüren. Atmen Sie ruhig und gleichmäßig.

■ Stellen Sie sich nun vor, Sie sitzen ganz bequem in einer Zeitmaschine, mit der Sie auf Knopfdruck in die Zukunft fahren können. Sie wollen die nächsten fünf Jahre Ihres Lebens erkunden und in jedem Jahr einen kleinen Zwischenstopp einlegen.

■ Sie drücken den Startknopf und befinden sich im nächsten Jahr. Aus der sicheren Position Ihrer Zeitmaschine schauen Sie sich um. Was tun Sie nächstes Jahr? Wie leben Sie? Haben Sie einen Partner gefunden?

■ Auf die gleiche Weise fahren Sie nun in die folgenden vier Jahre. Halten Sie jeweils an, und schauen Sie sich um, was Sie da erwartet. Achten Sie besonders darauf, ob Sie mit einem Mann zusammenleben und wie es Ihnen dabei geht.

■ Wenn Sie im fünften Jahr angelangt sind, machen Sie die Reise in den gleichen Etappen wieder zurück. Sie brauchen diesmal bei den einzelnen Stationen nur kurz zu verweilen.

■ Sobald Sie sich wieder in der Gegenwart befinden, öffnen Sie die Augen. Atmen Sie tief durch, reiben Sie Ihre Hände gegeneinander, und stampfen Sie mit den Füßen auf den Boden.

Bitte halten Sie sich bei der »Rückreise« genau an die Anleitung. Diese Übung kann wie jede Phantasiereise eine leichte Trance bewirken, aus der Sie sich wieder lösen müssen.

Was haben Sie während Ihrer Zeitreise gesehen? Sahen Sie sich als Single, oder hatten Sie die Beziehung gefunden, die Sie sich wünschen? Wie haben Sie sich dabei gefühlt? War Ihnen unwohl, oder ging es Ihnen gut?

Nach meiner Erfahrung ist diese Übung mehr als nur eine Phantasiereise oder die bildliche Vorstellung unseres Wunschdenkens. Sie zeigt unser gegenwärtiges *inneres Programm*. Unser Unterbewußtsein entwirft Bilder, die dazu neigen, sich zu realisieren, sofern wir nichts dagegen unternehmen.

Falls Sie sich innerhalb der nächsten fünf Jahre als Single gesehen haben oder eine unglückliche, unbefriedigende Beziehung aufgetaucht ist, ist anzunehmen, daß Sie innerlich zwiespältig sind. Sie wünschen sich zwar eine Partnerschaft, glauben aber nicht wirklich daran oder haben Vorbehalte. Auf diese Weise können Sie möglicherweise die Erfüllung Ihres bewußten Wunsches blockieren oder zumindest verlangsamen.

Wenn Sie Ihre volle Energie für die Verwirklichung Ihres Wunsches gewinnen wollen, müssen Sie sich notgedrungen mit dem Inhalt Ihrer Zwiespältigkeit befassen.

Ambivalenz kann ein gutes Zeichen sein

Ambivalenz ist nicht von vornherein etwas Übles. Im Gegenteil, sie ist oft ein Zeichen von Klugheit. Schließlich besitzen wir nicht umsonst die Fähigkeit, Dinge gegeneinander abzuwägen. Unser Verstand hilft uns, das Für und Wider einer Angelegenheit zu betrachten und am Ende die passende Entscheidung zu treffen. Das gilt genauso für die Überlegung, ob wir lieber allein bleiben oder eine feste Partnerschaft eingehen möchten. Dabei geht es weder um »richtig« oder »falsch« und schon gar nicht um »gut« oder »schlecht«, sondern darum, was für uns ganz persönlich passend ist und uns am meisten befriedigt.

Die Zwiespältigkeit hinsichtlich einer Partnerschaft hat ihre guten Gründe, die nicht nur in uns selbst, sondern auch in den sozialen Gegebenheiten liegen. Wir Frauen haben endlich unsere beruflichen Möglichkeiten entdeckt und finanzielle Unabhängigkeit gewonnen. Gleichzeitig ist seit den sechziger Jahren der Status der alleinlebenden Frau gesellschaftlich akzeptiert. Was Wunder, wenn wir uns heute gut überlegen, ob wir die damit verbundenen Vorteile gegen eine Partnerschaft eintauschen wollen, die uns garantiert Kompromisse abverlangt!

Wenn Sie sich hin-
und hergerissen fühlen

Wenn wir die Argumente bereits kennen, die in uns Zwiespältigkeit auslösen, haben wir einen großen Vorteil: Wir können sie zu einer klaren Entscheidung nutzen. Es wäre unklug, sie einfach energisch vom Tisch zu wischen oder sie nach dem Motto »Wenn der Richtige kommt, spielen sie sowieso keine Rolle mehr« in einen Winkel unseres Denkens zu verbannen. Das wäre Selbstbetrug, denn dann wirken sie im Verborgenen um so intensiver weiter. Nehmen wir sie lieber ernst und beschäftigen wir uns mit ihnen. Auf diese Weise können wir herausfinden, was wir wirklich wollen, und dann unsere Energie gebündelt wie einen Laserstrahl darauf richten.

Wo liegen Ihre Prioritäten?

Wie wichtig uns eine Partnerschaft ist, zeigt sich darin, wie intensiv wir danach suchen und wieviel Energie wir dafür investieren. Es gibt zahlreiche Motive, die Suche nach einer passenden Partnerschaft zu vertagen. Manche davon leuchten unmittelbar ein, andere dagegen haben eher eine Alibi-Funktion. Erst bei genauer Betrachtung läßt sich der Unterschied erkennen.

■ Stellen Sie sich bitte die Frage: »Was ist mir im Augenblick wichtiger, als eine gute Partnerschaft zu finden?« Schreiben Sie auf einem Blatt Papier alles auf, was Ihnen dazu einfällt:

Zum Beispiel:
◆ meine Karriere
◆ mein derzeitiges Projekt im Beruf
◆ meine Prüfung
◆ die Wohnungssuche

- meine Psychotherapie
- meine Reisen
- mein Hobby
- Zeit für meine Kinder
  usw.

■ Schreiben Sie nun hinter jede Ihrer Aussagen, für wie lange sie gelten wird, z. B. »Zeit für meine Kinder«: 4 Jahre, dann sind sie aus dem Haus, oder »Berufsprojekt«: 7 Monate, dann ist Abgabetermin meines Entwurfs.

■ Nehmen Sie sich jede einzelne Aktivität vor, und entscheiden Sie, ob sie für Sie tatsächlich so wichtig ist. Sind Sie wirklich damit einverstanden, ihretwegen eine Partnerschaft für die entsprechende Zeit zurückzustellen?

Manche Situationen schließen zwar die Partnersuche nicht aus, sind aber tatsächlich recht ungünstig dafür.
Beispielsweise war ich während meiner Vorbereitungen zum Psychologie-Diplom so damit beschäftigt, mir den Lehrstoff einzuprägen, daß ich keine Aufmerksamkeit für einen Mann gehabt hätte. Nicht nur Prüfungen, auch andere Projekte, wie etwa umzuziehen, ein Buch zu schreiben, ein Kind während der Pubertät zu begleiten, können unsere gesamte Energie beanspruchen. In solchen zeitlich eng begrenzten Phasen ist es vielleicht besser, die Partnersuche auf Eis zu legen, anstatt sich innerlich zu zerreißen. Erst wenn das Vorhaben erledigt ist, sind wir wieder frei für andere Ziele.

Vereinen Sie mehrere Interessen

Vielleicht haben Sie jedoch hinter einer Aktivität eine große Zeitspanne notiert. Dann müssen Sie, falls Sie ernsthaft an einer Partnerschaft interessiert sind, nach einer praktikablen Lösung suchen, um beides zu verbinden:

■ Nehmen Sie ein Blatt und schreiben Sie groß darüber »Meine Partnersuche und ...« (hier setzen Sie Ihre wichtige Aktivität ein).

■ Machen Sie ein »Brainstorming«, indem Sie unzensiert sämtliche Möglichkeiten aufschreiben, wie Sie beides zusammen erreichen könnten. Nutzen Sie dazu Ihre Kreativität. Jede Idee ist wertvoll. Zum Beispiel:
»Meine Partnersuche und meine Karriere«:
◆ Ich halte die Augen bei Fortbildungsveranstaltungen und Kongressen für interessante Männer offen.
◆ Ich knüpfe mit Kollegen auch Gespräche über persönliche Themen an, nicht nur über fachliche.
◆ Ich arbeite ab sofort nicht mehr am Sonntag und nutze diesen Tag für private Unternehmungen.
◆ Ich überdenke, warum meine Karriere so einen großen Stellenwert für mich hat.
◆ Ich übe, nein zu sagen, wenn man mir Arbeit aufdrücken will, die für meine Karriere nicht wichtig ist. Dadurch gewinne ich Zeit.
◆ Ich suche die Bekanntschaft von Frauen, die Partnerschaft und Karriere vereinbaren, und schaue, wie sie das machen.
◆ Ich suche von vornherein einen Mann, der meine Karriere unterstützt.
usw.

■ Fragen Sie auch gute Freundinnen nach entsprechenden Ideen. Oft haben wir einen blinden Fleck, wo andere gute Möglichkeiten sehen.

■ Gehen Sie Ihre Ideenliste durch, und kreuzen Sie an, was Sie in die Tat umsetzen möchten.

■ Lesen Sie zur Erinnerung und Bestärkung die Liste täglich durch.

Thea, eine selbständige Geschäftsfrau, die einen großen Friseursalon besitzt, klagte: »Ich wünsche mir einen Partner, aber ich habe überhaupt keine Zeit, einen Mann kennenzulernen. Von Dienstag bis Samstag stehe ich im Salon, in der übrigen Zeit mache ich die Buchführung und alles, was sonst noch an Organisation anliegt. Und wenn ich damit durch bin, bin ich kaputt und muß mich erholen.«

Wir gingen gemeinsam ihre konkreten Möglichkeiten durch, sich mehr Zeit zu verschaffen. Sie fand eine Menge kleinerer Arbeiten, die sie delegieren konnte und die sich am Ende zu einem beträchtlichen Anteil freier Zeit summierten.

Wenn Sie bei Ihrem »Brainstorming« feststellen, daß Ihnen überhaupt nichts einfällt oder daß Sie eher lustlos darangehen, liegt die Vermutung nahe, daß Ihnen eine Beziehung im Grunde gar nicht so wichtig ist. Vielleicht liebäugeln Sie zwar mit einer Partnerschaft, aber letztlich setzen Sie Ihre Prioritäten anders. Auch das ist ein Ergebnis, mit dem Sie etwas anfangen können.

Was möchten Sie für eine Partnerschaft nicht aufgeben?

Möglicherweise geht es bei Ihnen nicht darum, daß bestimmte Aktivitäten Ihre Suche nach einem Partner verhindern. Sie fragen sich ganz generell, ob sich für Sie eine Beziehung überhaupt lohnt. Dann kann Ihnen die folgende Überlegung helfen:

■ Nehmen Sie sich ein Blatt Papier und ziehen Sie in der Mitte einen Strich von oben nach unten.

■ Schreiben Sie auf die linke Seite als Überschrift »Partnerschaft«, auf die rechte »Single«.

■ Listen Sie auf der linken Seite alle Vorteile auf, die eine Partnerschaft in Ihren Augen hat.

Zum Beispiel:
- Zärtlichkeit
- Es ist jemand da, wenn ich nach Hause komme.
- Ich werde im Alltag unterstützt.
- Ich kann mich in einer fruchtbaren Auseinandersetzung weiterentwickeln.
- Befriedigende Sexualität
- Ich bin nicht allein, wenn ich krank bin oder es mir schlecht geht.
- Viele Dinge machen zu zweit einfach mehr Freude.
- Ein Vater für mein(e) Kind(er).
- Ich habe es in der Gesellschaft leichter.
  usw.

■ Schreiben Sie auf die rechte Seite sämtliche Vorteile Ihrer Single-Situation auf.
Zum Beispiel:
- Ich kann mir den Tag nach Belieben einteilen.
- Ich kann meine kleinen Eigenheiten beibehalten.
- Ich kann mein Geld ausgeben, wie ich will.
- Ich brauche mich nicht anzupassen.
- Ich kann mit anderen Männern flirten.
- Mein(e) Kind(er) brauchen sich an keinen neuen Vater zu gewöhnen.
- Ich kann mich mit ganzer Kraft meinem Beruf widmen.
  usw.

■ Vergleichen Sie nun:
- Auf welcher Seite ist die Liste der Vorteile länger?
- Auf welcher Seite stehen die Punkte, die für Sie gefühlsmäßig am wichtigsten sind?

Lassen Sie sich viel Zeit, hierüber nachzudenken und nachzuspüren. Ein einziger Vorteil, der für Sie emotional sehr viel zählt, kann eine ganze Reihe von weniger gewichtigen Vorteilen auf der Gegenseite aufheben. Zum Beispiel kann es für Sie so bedeutend sein, sich

97

nicht anpassen zu müssen, daß daneben alle Vorteile einer Partnerschaft verblassen. Oder Sie gehen so leidenschaftlich einem Hobby nach, daß ein Partner *stören* würde.

■ Wenn Sie die Vorteile auf beiden Seiten sorgfältig gegeneinander abgewogen haben, entscheiden Sie sich, auf welche Seite Sie setzen wollen.

Die unbewußte Zwiespältigkeit

Solange die Motive für oder wider eine Partnerschaft im Bereich unseres Bewußtseins liegen, können wir ihnen mit mehr oder minder intensiver Überlegung auf die Spur kommen.

Schwieriger wird es, wenn die Ursache für die eigene Zwiespältigkeit so tief liegt, daß sie sogar uns selbst verborgen bleibt. Dann unterscheiden wir uns nämlich auf den ersten Blick nicht von den Frauen, die geradlinig und zielbewußt auf der Suche nach dem Mann fürs Leben sind. Schließlich halten auch wir unsere Augen dafür offen, bemühen uns intensiv, jemanden kennenzulernen, und lassen uns hoffnungsvoll auf Beziehungen ein.

Der einzige Hinweis auf eine mögliche verborgene Ambivalenz ist die Tatsache, daß wir dabei offenbar immer wieder Pech haben. In meiner Praxis hat mir oft die äußere Situation einer Klientin Hinweise auf eine mögliche unbewußte Zwiespältigkeit gegeben.

Prüfen Sie bitte, ob etwas davon auch für Sie zutrifft:

- Ich gerate immer an verheiratete Männer.
- Ich bin seit längerem mit einem verheirateten Mann zusammen.
- Ich gerate immer an Männer, die sich nicht binden wollen.
- Der Mann, den ich liebe, will sich nicht festlegen.
- Er kann sich nicht zwischen mir und einer anderen Frau entscheiden.
- Er entspricht nicht meinem Niveau oder paßt nicht in das Milieu, in dem ich lebe.
- Er wohnt weit weg, in einer anderen Stadt oder in einem anderen Land.

In solchen oder ähnlichen Fällen nehmen wir die inneren Blockaden womöglich nicht bewußt wahr, leben sie aber äußerlich aus, indem wir mit sicherem Griff immer Beziehungen ohne befriedigende Zukunftsaussichten wählen.

Natürlich kann es passieren, daß man in Hamburg wohnt und sich in einen Münchner verliebt. Falls es einem Paar jedoch miteinander ernst ist, wird es so schnell wie möglich eine Lösung finden, um zusammenzukommen, selbst wenn beide dafür Opfer bringen müssen. Möglicherweise lernen wir auch einen Mann kennen, der noch in einer längst nicht mehr glücklichen Beziehung steckt. Wenn wir eindeutig sind, werden wir diese Situation klären.

Sie merken, es kommt weniger darauf an, was uns geschieht, sondern wie wir damit umgehen. Wenn wir in einer der genannten Situationen hängenbleiben, vielleicht sogar jahrelang, steckt vermutlich verborgene Ambivalenz dahinter. Bewußt sage ich mir: »Ich will nichts lieber als eine feste Partnerschaft«, aber mein Unterbewußtsein sorgt dafür, daß ich mich nicht festlegen muß.

Eine ambivalente Einstellung kann auch hinter den folgenden Aussagen und Erfahrungen stecken:

* Mir ist keiner gut genug.
* Nach einer gewissen Zeit gehen alle meine Beziehungen aus mir unerklärlichen Gründen in die Brüche.
* Wenn es ernst wird, werde ich ein richtiges Biest und vergraule den Mann durch mein Verhalten.
* Ich denke immer, ich finde noch einen Besseren.

Die tiefen Wurzeln der Zwiespältigkeit

In einer meiner Gruppen war Heike, eine zweiunddreißigjährige Sekretärin. Mit ihrer offenen, sympathischen Art hatte sie keine Schwierigkeiten, Männer kennenzulernen. Am Anfang war Heike stets verliebt und glücklich, doch nach etwa einem halbem Jahr gingen alle diese Beziehungen in die Brüche. Der eine kehrte zu seiner Ex-Frau zurück, der andere ging seiner Karriere zuliebe ins Ausland, der letzte entpuppte sich als Muttersöhnchen. Heike hatte keine Ahnung, warum ausgerechnet sie immer Pech in der Liebe hatte, wo sie sich doch sehnlich einen Mann und Kinder wünschte. Erst der Zugang zu ihrer Ambivalenz brachte sie weiter.

Dafür lasse ich in meinen Seminaren manchmal ein sogenanntes »Lebenspanorama« malen. Die Teilnehmerinnen zeichnen Stationen ihres Lebens von der Geburt bis zur Gegenwart. (Eine Anleitung dazu finden Sie ab Seite 104). Über das Malen werden viele Ereignisse sichtbar, die beim bloßen Erzählen vergessen oder nicht so bewußt werden.

Auf Heikes Bild war in dem Abschnitt, der ihre Erlebnisse im Alter von acht bis dreizehn Jahren darstellte, ein Bett zu sehen, auf dem zwei Strichfigürchen lagen. Wir fragten Heike, wer das denn sei. »Ich und meine Schwester«, erklärte sie. Heikes Familie lebte damals recht beengt. Es gab nur ein winziges Zimmer für die beiden Mädchen. Heike mußte mit ihrer zwei Jahre älteren Schwester nicht nur das Zimmer, sondern sogar das Bett teilen. Sie hatte keine Möglichkeit, sich zurückzuziehen. »Wenn ich mal für mich sein wollte, schloß ich mich auf der Toilette ein«, erinnerte sie sich. Die Schwester las heimlich ihr Tagebuch, öffnete ihre Briefe und zog, ohne zu fragen, Heikes Kleider an. In diesen Jahren entwickelte Heike unbewußt eine solche Abwehr gegen Nähe, daß sie sich später lauter bindungsunfähige Männer suchte, um dieses frühe Trauma nicht wieder zu erleben. Ein Hinweis darauf, daß hier die Ursache ihrer Ambivalenz liegen könnte, war auch, daß Heikes Liebesbeziehungen sämtlich nach etwa einem halben Jahr problematisch wurden – also immer dann, wenn die Zeit reif war, sich zu entscheiden, ob die lose Bindung fester werden und das Paar zusammenziehen sollte. Heike hatte die Geschichte längst als Vergangenheit abgehakt, zumal sie mit ihrer Schwester kaum noch Kontakt hatte. Jetzt wurden ihr die Zusammenhänge klar.

Hinter unbewußtem Zwiespalt
verbirgt sich meist Angst

Ich habe die Erfahrung gemacht, daß hinter der unbewußten Ambivalenz in puncto Partnerschaft fast immer Angst steckt, sogar dann, wenn sie sich zunächst als Wut, Verachtung oder Gleichgültigkeit gegenüber Männern tarnt.

Leider gibt es vieles, wovor wir uns zu fürchten gelernt haben. Möglicherweise regt Sie die folgende Checkliste zum Nachdenken darüber an:

- Ich will nicht wieder so eine Horror-Beziehung erleben wie meine letzte(n).
- Ich habe früh erfahren, was Trennung (Scheidung der Eltern, Tod) heißt. Diesen Schmerz will ich nie wieder fühlen.
- Ich bin als Kind seelisch und/oder körperlich so mißhandelt worden, daß ich mich nun vor jeder engen Beziehung schütze.
- Ich bin bisher immer verlassen worden. Das halte ich kein weiteres Mal aus.
- Mein Vater hat meine Mutter schlecht behandelt. So was soll mir nicht passieren.
- Mein Vater war zu mir so schlimm, daß ich heute noch vor allen Männern Angst habe.
- Ich bin von meinen Eltern so unterdrückt worden, daß ich nur noch meine Freiheit will.
- Ich habe noch nie eine feste Beziehung gehabt und fürchte, ich komme damit nicht zurecht.
- Ich traue meiner Wahrnehmung nicht mehr. Am Ende gerate ich wieder an den falschen Mann.
- Ich kann schlecht Grenzen ziehen und habe deshalb Angst, ausgenutzt zu werden.
- Ich darf nicht glücklicher sein als meine Mutter.

Wie Sie sehen, stammen einige dieser Ängste aus der Erlebniswelt eines Kindes und könnten sich, mit erwachsenen Augen betrachtet, als irrational entpuppen. Aber dazu müssen sie eben erst einmal bewußt werden. Falls Ihre Mutter nicht mit Ihrem Vater zurechtkam, ist das gewiß traurig. Es bedeutet jedoch nicht, daß alle Männer schlecht sind und Sie ihnen deshalb aus dem Weg gehen müssen.

Das Panorama Ihres Lebens

Vermuten Sie, daß eine verborgene Angst die Ursache Ihrer Zwiespältigkeit sein könnte? Dann möchte ich Ihnen vorschlagen, doch einmal wie Heike ein Lebenspanorama zu zeichnen. Es ist etwas aufwendig, aber es lohnt sich. Sie erhalten dadurch einen Überblick über die Einflüsse und Erfahrungen, die Sie – auch in bezug auf eine Partnerschaft – geprägt haben.

Falls Sie sich seelisch oder körperlich labil fühlen, sollten Sie diese intensive Übung allerdings nicht ohne fachliche Begleitung machen. Das gilt auch, wenn Sie wissen, daß Ihre Lebensgeschichte besonders schwere Erlebnisse oder Schicksalsschläge enthält, an die Sie sich ohne Schutz und Unterstützung nicht erinnern möchten.
Dann ist es besser, sich dafür eine fachliche Begleitung zu suchen. Die meisten der im Fritz Perls Institut ausgebildeten Psychotherapeuten sind mit dieser Technik vertraut. (Einen Adressen-Hinweis finden Sie im Anhang auf Seite 219.) Wenn Sie sich sicher genug fühlen, wird Ihnen dieser Lebensüberblick jedoch auch allein oder zusammen mit einer Freundin Erkenntnisse bringen.

So bereiten Sie ein Lebenspanorama vor

■ Sorgen Sie dafür, daß Sie in den nächsten eineinhalb Stunden nicht gestört werden. Stellen Sie Telefon und Klingel leise.

■ Legen Sie sich folgendes Material zurecht:
◆ Mindestens vier große Bögen Papier, z. B. von einem großen Zeichenblock.

◆ Einen Kasten Wachsmalstifte oder bunte Filzstifte.

■ Breiten Sie die Bögen so auf dem Fußboden aus, daß Sie darauf malen können, eventuell mit einigen Zeitungen als Unterlage.

Entspannen Sie sich

■ Legen Sie sich hin, am besten auf eine Decke auf den Boden. Achten Sie darauf, daß Ihnen warm genug ist.

■ Die günstigste Liegeposition ist, sich auf den Rücken zu legen, die Arme lang neben dem Körper. Die Beine sind parallel ausgestreckt, die Fußspitzen fallen locker auseinander. Sie können aber auch eine andere Lage einnehmen, die für Sie bequemer ist.

■ Schließen Sie die Augen.

■ Konzentrieren Sie sich ein paar Atemzüge lang auf Ihren Atem, ohne ihn bewußt zu verändern.
Spüren Sie, wie Ihr Atem sanft in Ihre Nase hinein- und wieder hinausfließt.

■ Entspannen Sie sich von Kopf bis Fuß. Beginnen Sie dazu am obersten Punkt Ihrer Schädeldecke, und gehen Sie von dort bis zu den Fußspitzen sämtliche Teile Ihres Körpers durch. Lassen Sie überall locker, wo Sie Spannung spüren – so gut es eben geht.

Die Phantasie-Reise in die Vergangenheit

■ Für die nun folgenden Rückerinnerungen gilt allgemein:
◆ Wenn es Ihnen leichtfällt, vor Ihrem inneren Auge Bilder entstehen zu lassen, dann lassen Sie den »Film« ablaufen.

◆ Falls sich keine inneren Bilder einstellen, denken Sie darüber nach, was zu dieser Zeit war.

◆ Verweilen Sie nicht zu lange bei den einzelnen Stationen. Es genügt, wenn Sie einen kurzen Eindruck davon gewinnen.

◆ Wann immer Ihnen eine Erinnerung zu unangenehm wird, gehen Sie zur nächsten über, oder brechen Sie die Übung ab. Sie müssen nichts durchhalten!

■ Sind Sie bereit? Dann gehen Sie in Ihrer Erinnerung einen Monat zurück: Was war heute vor einem Monat? Was haben Sie getan, gedacht, gefühlt? Mit wem waren Sie zusammen?

■ Gehen Sie nun fünf weitere Monate zurück. Was war vor einem halben Jahr?

■ Was war vor einem Jahr um diese Zeit?

■ Gehen Sie von jetzt an im Abstand von zwei Jahren in Ihrem Leben immer weiter zurück. Erinnern Sie sich dabei an Ihre Gefühle, was Sie zu der Zeit getan und gedacht haben und mit wem Sie zusammen waren.

■ Wenn Sie im Alter von zehn Jahren angelangt sind, gehen Sie im Abstand von je einem Jahr weiter zurück.

■ Von Ihrer Kleinkindzeit, ab etwa drei Jahren, werden Sie aller Wahrscheinlichkeit nach keine klaren Erinnerungen mehr haben. Sie haben aber vielleicht eine Stimmung oder die Atmosphäre aufgenommen oder Geschichten behalten, die Ihnen Verwandte über diese Zeit erzählt haben.

■ Gehen Sie nun bis zu Ihrer Geburt. Auch ohne konkrete Erinnerung werden Sie von diesem großen Ereignis ein Bild haben, das durch Erzählungen in der Familie entstanden ist.

■ Öffnen Sie nun Ihre Augen wieder. Richten Sie sich langsam und ganz behutsam wieder auf.

- Setzen Sie sich ohne Zwischenpause vor Ihr bereitgelegtes Papier. Es ist wichtig, daß Ihnen Ihre Erinnerung nicht wieder verlorengeht.

Malen Sie Ihre Vergangenheit

- Für die nun beginnende Mal-Phase gilt allgemein:
- ♦ Es kommt nicht darauf an, daß Sie besonders schön oder naturgetreu malen. Vielmehr geht es darum, daß Sie mit Ihren Mitteln das ausdrücken, woran Sie sich erinnern. Das kann z.B. mit Strichfiguren, mit bestimmten Symbolen wie Kreisen oder Kreuzen, oder ganz abstrakt allein mit Farbe und Formen geschehen.

Keine Sorge – auch wenn Sie im Zeichnen gänzlich ungeübt sind, werden Sie die richtige Art für sich finden. Haben Sie Vertrauen in Ihre Ausdruckskraft, und lassen Sie Ihre Hand »einfach tun«. Nach den ersten Strichen geht es meist von selbst. Sie können gar nichts falsch machen.

- ♦ Sie brauchen nicht zu allen Abschnitten etwas zu malen, zu denen Sie in Ihrer Erinnerung zurückgegangen sind. Wenn Sie wollen, können Sie Zeitspannen bildlich zusammenfassen, z.B. Ihre frühe Kindheit oder die Schulzeit. Sie dürfen nur keine Lebensphase ganz auslassen.
- ♦ Falls Sie sich an eine bestimmte Zeit absolut nicht erinnern können, finden Sie bitte auch dafür zeichnerisch einen Ausdruck, z.B. indem Sie einen schwarzen Fleck oder ein Fragezeichen malen.
- ♦ Es geht nicht darum, daß Sie jedes Detail Ihres Lebens im Bild festhalten. Wählen Sie aus, was für Sie wichtig ist.

- Beginnen Sie nun damit, Ihre Geburt zu malen. Suchen Sie sich zunächst die Farbe aus, die für Sie dieses Ereignis am besten repräsentiert.

Hier sind einige Beispiele als Anregung: Eine Frau malte ihre Geburt als eine strahlende Sonne. Sie war das Wunschkind ihrer Eltern, und ihre Ankunft wurde entsprechend gefeiert. Eine andere Frau schraffierte mit schwarzem Stift dunkle Wolken. Ihre Mutter war direkt nach der Geburt in ein Lungen-Sanatorium gekommen, und der Vater hatte sie bei Verwandten untergebracht. Eine dritte Frau, ein »Nesthäkchen«, malte sich als lachendes Baby auf einem Bett, um das die Eltern und Geschwister standen.

■ Malen Sie die Stationen Ihres Lebens kontinuierlich weiter, bis Sie in der Gegenwart angekommen sind.

■ Schreiben Sie unter die einzelnen Abschnitte, wie alt Sie jeweils sind. Zum Beispiel: 3 – 5 Jahre, 16 – 19.

■ Wenn Sie mit dem Zeichnen Ihres Lebenspanoramas fertig sind, dürfen Sie eine Pause machen.

So werten Sie Ihr Lebenspanorama aus

■ Schauen Sie sich nun Ihr Werk in Ruhe an. Es stellt sozusagen eine Landkarte Ihres Lebens dar und verrät einiges über die »Täler« und »Höhenzüge«.

Die folgenden Fragen können Ihnen eine Hilfe sein, um Ihr Panorama gezielt auszuwerten. Auch ohne ein Lebenspanorama gezeichnet zu haben, ist es sinnvoll, sich darüber Gedanken zu machen, doch mit diesem sichtbaren Überblick geht es wesentlich einfacher:

◆ Wie wurden Sie auf der Welt empfangen? Waren Sie erwünscht und wurden mit Liebe begrüßt?

◆ War es für Ihre Eltern in Ordnung, daß Sie ein Mädchen waren – oder wäre es – zumindest einem Elternteil – lieber gewesen, wenn Sie ein Junge gewesen wären?

- Hatten Sie ein Gebrechen, eine Mißbildung oder eine Krankheit?

- Wie verliefen Ihre ersten drei Lebensjahre? Wuchsen Sie in einer Atmosphäre der Geborgenheit und Sicherheit auf?

- Wie war Ihr Eintritt in den Kindergarten? Wurden Sie akzeptiert, oder standen Sie am Rande?

- Wie waren Ihre ersten vier Schuljahre? Kamen Sie mit den Kindern in Ihrer Klasse und den Lehrer/innen zurecht?

- Gab es für Sie einen Bruch, als Sie auf eine andere Schule, z. B. aufs Gymnasium, wechselten?

- Wie fühlten Sie sich in der Pubertät? Waren Sie einsam oder ein Mauerblümchen? War Ihre Mutter eifersüchtig auf Sie? War Ihr Vater besonders streng?

- Haben Vater oder Mutter Sie sehr in Anspruch genommen?

- Wie verliefen Ihre ersten Erfahrungen mit Männern? Waren Sie glücklich oder fühlten Sie sich enttäuscht und ausgenutzt?

- Hatten Sie zumindest eine gute Freundin?

- Wie war Ihr Verhältnis zu Ihren Geschwistern? Wurde Ihnen ein Geschwisterkind vorgezogen?

- Welche Rolle spielten Sie in Ihrer Familie? Welche Aufgabe mußten Sie dort erfüllen? Waren Sie damit überfordert?

- Wie war die Ehe Ihrer Eltern? Glücklich, schlecht, oder lebten beide einfach nur so nebeneinander her?

108

- Haben sich Ihre Eltern scheiden lassen? War das schon sehr früh? Haben Sie damit verbundene Auseinandersetzungen intensiv miterlebt?

- Welche Katastrophen gab es in Ihrem Leben? Z. B. der Tod eines lieben Menschen, Krankheit, Unfall? Wie haben sich diese Ereignisse auf Ihr Lebensgefühl ausgewirkt?

- Welche Männer spielten in Ihrem Leben eine Rolle? Können Sie ein Muster erkennen? Sind Sie bei einem zu lange geblieben, oder haben Sie häufig gewechselt? Sind Sie gut behandelt worden? Wer hat die Beziehung beendet, Sie oder der Mann?

- Wie beurteilen Sie Ihr Leben insgesamt? Sind Sie zufrieden mit dem Verlauf, oder möchten Sie unbedingt etwas ändern?

Im Überblick sehen Sie gewiß recht anschaulich, wo in Ihrem Leben die Punkte liegen, die Sie gegen eine Partnerschaft beeinflussen könnten. Alles, was Ihr Selbstwertgefühl geschmälert, Sie überlastet und Ihr Bild vom Zusammenleben zwischen Mann und Frau negativ beeinflußt hat, kann eine potentielle Ursache Ihrer gegenwärtigen Zwiespältigkeit sein. Ich hoffe, daß Sie, wenn Sie auf Ihre Zeichnung schauen, deutlicher als bisher sehen können, was es ist.

Wenn Ihnen dabei bewußt wird, daß die seelischen Wunden, die Sie daran hindern, eine Partnerschaft einzugehen, zu tief sind, als daß Sie sie allein heilen könnten, sollten Sie sich psychotherapeutische Hilfe suchen. Betrachten Sie das nicht als Verzögerung auf dem Weg zu einer Beziehung, sondern als eine sinnvolle Vorarbeit für Ihr Glück.
Jessica, eine 32 Jahre alte Dolmetscherin, hatte einen sehr jähzornigen Vater. Wenn er einen seiner unkontrollierten Wutanfälle bekam, war nichts vor ihm sicher, weder seine Frau noch seine kleine Tochter. Dann schlug er zu oder machte etwas kaputt, was ihnen besonders wertvoll war. So warf er einmal Jessicas Lieblingspuppe

in den Ofen, als sie am Sonntag nicht mit auf den üblichen Familienspaziergang wollte.

In ihrem tiefsten Inneren war Jessica so verunsichert, daß sie keinem Mann mehr traute. Sie entschloß sich, dieses Problem anzugehen, und suchte sich eine Therapeutin. Am Ende ihrer Therapie, in der sie mit viel Schmerz und Trauer die alten Geschichten noch einmal durchlebte und gleichzeitig die Möglichkeit erhielt, sie zu verarbeiten, sagte sie: »Ich bin froh, daß ich innerlich nicht mehr so zerrissen bin. Ich muß mir nicht mehr dauernd selbst ein Bein stellen, wenn ich die Chance habe, mit einem Mann glücklich zu sein.«

Jessica hat immer noch leichte Angstgefühle, wenn sich ein Mann für sie interessiert. Das Neue ist jedoch, daß sie sich davon nicht bestimmen und überwältigen läßt. Sie ergreift nicht mehr automatisch die Flucht.

So werden Sie
Ihre Zwiespältigkeit los

Wie für die »Zaubersprüche« gilt auch für die Ambivalenz: Nur wenn sie unbemerkt bleibt, kann sie unser Handeln sabotieren. Ans Licht geholt, verliert sie diese Macht. Dann können wir die Argumente gegen eine Partnerschaft oder bisher verborgene Ängste rational betrachten und bewerten. Inzwischen dürften Sie über eine ganze Menge Informationen hinsichtlich Ihrer Einstellung zur Partnerschaft verfügen. Sie haben Ihre Prioritäten geordnet oder sich Ihre Ängste bewußtgemacht. Jetzt ist es an der Zeit, auf dieser Basis eine Entscheidung zu treffen.

Sie entscheiden für jetzt – nicht für die Ewigkeit

Falls Sie sich dabei zunächst etwas unwohl fühlen, befinden Sie sich in bester Gesellschaft: Wir alle haben Angst, Entscheidungen zu treffen, wenn es um wichtige Dinge geht. Wir fürchten uns davor, einen gravierenden Fehler zu machen, denn dazu hängt meist zu viel davon ab.
Das gilt ganz gewiß für das Ja zur Partnerschaft. Wenn Sie zum Beispiel Kinder haben, können Sie ihnen nicht heute einen neuen Vater zumuten und es sich morgen wieder anders überlegen. Falls Sie der Liebe wegen in eine andere Stadt ziehen müßten, hat das weitreichende Folgen. Ein Opfer ist es sicher auch, wenn Sie sich beruflich einschränken, um Zeit für eine Beziehung zu finden, oder wenn Sie sich von Ihrem verheirateten Geliebten trennen.

Keine Frage, die Entscheidung für eine Partnerschaft will gut durchdacht sein. Trotzdem sollten Sie sich nicht durch den Gedanken unter Druck setzen, es gäbe nun nie mehr ein Zurück. Wenn Sie sich entscheiden, dann tun Sie es nach bestem Wissen für die Gegenwart, nicht für alle Ewigkeit.

Vor kurzem rief mich eine Frau an und wollte am liebsten sofort einen Termin für ein Beratungsgespräch. Ich fragte, warum es denn so eilig sei. »Ich muß mich innerhalb der nächsten Tage entscheiden«, sagte sie aufgeregt. »Mein Freund wohnt in der Nähe von Stuttgart. Jetzt ist er bereit, dort alles aufzugeben und zu mir hier nach Hamburg zu ziehen. Das habe ich mir immer gewünscht – und plötzlich empfinde ich nur noch Panik.« Konkrete Gründe dafür gab es offenbar nicht. Ihr Freund war ein zuverlässiger, sympathischer Mensch, und sie liebte ihn. Was sie so durcheinander brachte, war das Gefühl, sich endgültig festlegen zu müssen. »Ich weiß ja gar nicht, ob ich überhaupt für eine enge Beziehung geeignet bin. Und falls nicht, dann hat er meinetwegen alle Brücken hinter sich abgebrochen. Wenn ich jetzt zusage, dann kann ich nicht mehr zurück.« Sie brach in Tränen aus und war ziemlich verzweifelt. Ich versuchte, ihr klarzumachen, daß ein Ja für jetzt nicht bedeutet, daß sie für den Rest ihres Lebens die Konsequenzen dieser Entscheidung tragen müßte. Ich riet ihr, sich noch einmal ganz nüchtern die Vorteile des Zusammenlebens vor Augen zu halten und dann die Entscheidung zu wagen. Mein Hinweis, daß sie jederzeit das Recht hätte, ihren einmal gefaßten Entschluß zu revidieren, schien sie zu entlasten. »Wenn sich nach einiger Zeit herausstellt, daß Sie beide nicht miteinander zurechtkommen, obwohl Sie es ernsthaft versucht haben, muß Ihr Freund damit leben. Er ist ein erwachsener Mann, der dann schon einen Weg für sich finden wird. Schließlich sind Sie nicht in dem Maße für ihn verantwortlich wie für ein Kind.« Indem der Druck von ihr wich, wurde sie ruhiger. Am Ende unseres Telefongesprächs wirkte sie sogar richtig zuversichtlich. »Ich glaube, ich probiere es«, sagte sie zum Schluß.

Es ist wichtig, sich vor Augen zu halten, daß sich unsere Ziele im Laufe des Lebens ändern und daß wir sie nach einer bestimmten Zeitspanne wieder neu einschätzen müssen. »Alles ist im Fluß«, wußte schon der griechische Philosoph Heraklit. Das Leben läßt sich nicht festschreiben, sondern ist Veränderungen unterworfen. Schauen Sie sich doch einmal in Ihrem Bekanntenkreis um. Sie werden feststellen, daß viele Frauen unterschiedliche Lebensformen kennengelernt haben: Feste Bindungen wechseln mit losen Beziehungen oder Zeiten des Alleinseins ab. Es gilt, flexibel zu bleiben und mutig das zu tun, was jetzt ansteht. In diesem Sinne meine ich, daß Sie Ihre Entscheidung für jetzt fällen sollen. »Manawa« – jetzt ist der Moment der Kraft, lautet ein spirituelles Gesetz der Hunas, der Heiler von Hawaii. Hinter dieser uralten Regel steckt eine einfache Weisheit, die für uns genauso gültig ist: Die Vergangenheit ist vorbei, wir können sie nicht mehr ändern. Die Zukunft hat noch nicht begonnen. Nur in der Gegenwart können wir uns entscheiden und handeln.

Warten Sie nicht, bis Sie perfekt sind

Es kann sein, daß Sie entschlossen sind, eine Partnerschaft zu beginnen, aber vorher noch bestimmte Eigenschaften entwickeln oder Ängste abbauen möchten. Vielleicht wollen Sie lernen, einem Partner gegenüber Ihre Wünsche klarer zu äußern. Oder Sie möchten nicht mehr so gehemmt sein, wenn ein Mann sich für Sie interessiert. Sie wollen sich über Ihre Ansprüche an eine Beziehung richtig klar werden oder sich mit Ihrer Sexualität auseinandersetzen. Sie sagen sich, wenn Sie das geschafft haben, werden Sie sich mit ganzer Kraft auf die Suche nach dem Richtigen machen.

Wir unterliegen meist dem Trugschluß, daß wir erst perfekt sein oder unsere Angst verlieren müssen, bevor es ans Handeln gehen kann. Es ist aber genau umgekehrt: Indem wir handeln, werden wir immer besser, immer sicherer und verlieren unsere Ängste. »Learning by doing«, Lernen durch Handeln, heißt das in der Ausbildung für Manager und Managerinnen.
Im Beruf haben Sie es sicher selbst schon erlebt, daß Ihre Kompetenz mit der Aufgabe, die Sie zu bewältigen hatten, wuchs. Und gewiß erinnern Sie sich auch, wieviel Mut es Sie zu Anfang gekostet hat.

Mein erstes Seminar fand in einem Tagungs-Hotel im Taunus statt. Ich war für eine erkrankte Kollegin eingesprungen und sollte mit der Belegschaft einer Klinik, Ärzten und Schwestern, ein Kommunikationstraining durchführen. Vor Beginn der Veranstaltung machte ich noch einen kleinen Spaziergang durch den Wald. Und plötzlich überfiel mich Panik. Worauf hatte ich mich da eingelassen? Ich hatte noch nie mit so einer großen Gruppe gearbeitet. Wenn das Seminar nun danebenging? Für einen kurzen Moment erwog ich, mich einfach ins Auto zu setzen und davonzufahren. Dann atmete ich tief durch und ging mit weichen Knien in die Höhle des Löwen. Um es kurz zu machen: Es wurde kein Fiasko. Alles lief gut, und ich entdeckte dabei sogar, daß mir diese Form, Wissen zu vermitteln, besonderen Spaß macht. Nur dadurch, daß ich mich der unbekannten Situation und meiner Angst stellte, konnte ich erleben, daß ich der Aufgabe gewachsen war.

Was uns im Berufsleben einleuchtet, trifft genauso für die Partnerschaft zu. Auch hier gilt »Learning by doing«. Wenn Sie z. B. Probleme damit haben, sich einem Mann gegenüber durchzusetzen, können Sie das nicht im Trockenkurs üben. Sie müssen in einer konkreten Situation den Mund aufmachen und sagen, was Sie wollen. Sie müssen handeln und lernen, mit den Konsequenzen fertig zu werden. Das gilt ebenso für alles andere, was Ihnen Ihrer Meinung nach zu einer befriedigenden Beziehung noch fehlt. Eine Partnerschaft ist auch dazu da, daß Sie sich entwickeln und etwas ausprobieren. Lassen Sie sich also nicht von Ihrem hohen Anspruch an sich selbst davon abhalten.

Die »Als-ob«-Technik

In der Psychologie ist bekannt, daß sich nicht nur unser Denken auf unser Verhalten auswirkt, sondern daß es auch umgekehrt der Fall ist: Unser Verhalten wirkt auf unsere Einstellung zurück.
Auf dieser Grundlage wurde die Technik des »Als-ob«-Handelns entwickelt: Wenn wir eine bestimmte Eigenschaft entwickeln wol-

len, z. B. mutiger, vitaler, gelassener oder sicherer sein möchten, tun wir einfach so, als ob wir diese Qualität bereits in vollem Umfang besäßen. Obwohl wir im Grunde ängstlich sind, handeln wir, als ob wir mutig wären. Und siehe da, wir erzielen nicht nur das Ergebnis eines mutigen Verhaltens, sondern werden – in der Rückkoppelung – tatsächlich mutiger.

Greta, eine zweiundvierzigjährige Lehrerin, hat diese Methode ausprobiert. Sie ärgerte sich darüber, daß sie immer im Schatten ihrer Freundin Sophie stand. Wenn die beiden ausgingen und dabei Männer kennenlernten, war Greta meist nur Publikum für Sophies Auftritt. Die selbstbewußte Sophie flirtete auf Teufel komm raus und zog die Männer mit interessanten Geschichten in ihren Bann. Währenddessen wurde Greta immer stiller. Kein Wunder, daß die Männer sie übersahen. Greta litt darunter, zumal sie von ihrem Naturell her gar nicht so ruhig und zurückhaltend war. Sie wußte nur nicht, wie sie aus diesem Teufelskreis herauskommen sollte. Nun hätte Greta erst mal ein ausführliches Selbstbehauptungstraining machen oder nach möglichen Ursachen in ihrer Kindheit forschen können. Statt dessen schlug ich ihr vor, einen schnelleren Weg auszuprobieren. Wenn sie das nächste Mal mit Sophie in eine Kneipe oder zum Tanzen ginge, sollte sie so tun, als ob sie ebenso selbstsicher wäre wie ihre Freundin. Dazu gehörte zum Beispiel, daß sie den Männern Fragen stellte, etwas von sich erzählte und einem Mann deutlich zu verstehen gab, daß sie ihn sympathisch fand. Sie brauchte nicht selbstsicher zu sein, sondern wie eine gute Schauspielerin nur so zu tun »als ob«. Das gab Greta den entscheidenden Kick für ihr Verhalten. Indem sie selbstbewußt spielte, wurde sie tatsächlich selbstbewußter.

Die »Als-ob«-Technik ist auch ein gutes Mittel, eine unerwünschte Zwiespältigkeit zu vertreiben. Nachdem Sie Für und Wider gründlich erwogen und sich für eine Partnerschaft entschieden haben, sind auftauchende Zweifel lediglich Reste der ehemaligen Unentschlossenheit, eine Art Störsender in Ihrem Hauptprogramm. Sie zu ignorieren ist in diesem Stadium kein Selbstbetrug, sondern ein Selbstschutz.

Verhalten Sie sich deshalb ruhig so, als wären Sie ganz eindeutig entschlossen, die große Liebe zu finden. Geben Sie hundert Prozent, engagieren Sie sich total. Das Ergebnis wird das gleiche sein, als ob Sie ohne jeden Zweifel handelten.

Setzen Sie sich nicht mehr unter Streß

Vermutlich klingt das Folgende für Sie paradox: Ich ermutige Sie, sich zielstrebig für eine Partnerschaft zu engagieren, und gebe Ihnen nun den Rat, das ja nicht zu intensiv zu betreiben. Trotzdem halte ich beides für richtig.

Nur wenn Sie sich voll auf Ihr Ziel konzentrieren, erhalten Sie ein optimales Ergebnis. Wenn Sie dabei jedoch zu verbissen vorgehen, schmälern Sie Ihre Erfolgsaussichten.

In psychologischen Experimenten haben Wissenschaftler/innen festgestellt, daß nicht die Versuchspersonen die besten Leistungen zeigten, die besonders ehrgeizig waren, sondern die mit der sogenannten »mittleren Motivation«. Während sich die Verbissenen derartig unter Streß setzten, daß sie sich damit selbst blockierten, standen den Gelassenen ihre Fähigkeiten voll zur Verfügung.

Claudia ist ein Beispiel dafür, was passieren kann, wenn wir uns allzu sehr auf ein Ergebnis fixieren. Claudia ist fest entschlossen, endlich den passenden Mann zu finden. Kürzlich war ich zu einer Party eingeladen und schlug ihr vor, mitzukommen. Ihre erste Frage war: »Sind da nur Paare?« Ich wußte das nicht genau, nahm aber an, daß wohl überwiegend Paare auf dem Fest sein würden. »Nein danke«, lehnte Claudia entschieden ab. »Wenn da nur Paare sind, verplempere ich bloß meine Zeit.« Ich konnte Claudias Motiv verstehen, fand ihre Entscheidung aber etwas kurzsichtig. Wir können nicht wissen, auf welche Weise uns der Mann unseres Lebens über den Weg laufen wird. Vielleicht hätte Claudia auf der Party die Bekanntschaft einer sympathischen Frau gemacht, deren Bruder genau zu ihr gepaßt hätte.

Wenn wir innerlich auf unser Ziel gepolt sind, bedeutet das nicht, daß wir ab sofort alles nur noch durch die Brille »Springt eine Beziehung für mich dabei heraus?« betrachten sollen. Die Haltung, um die es mir geht, ähnelt eher der Kunst des Bogenschießens, wie sie der Philosophieprofessor und Zen-Meister Eugen Herrigel beschreibt: Nachdem der Bogenschütze sich auf sein Ziel konzentriert hat, muß er sich davon freimachen, das Ergebnis kontrollieren zu wollen. Erst indem er innerlich losläßt, gelingt ihm der vollendete Schuß ins Schwarze.

Haben Sie Geduld

So wenig wir vorhersagen können, wie uns der richtige Mann begegnen wird, so wenig wissen wir, wann das sein wird. Oft wird unsere Geduld auf eine harte Probe gestellt. Wir engagieren uns, geben uns jede Mühe, doch der erwartete Erfolg bleibt aus. Langsam beginnen wir an unserer Entscheidung oder an uns selbst zu zweifeln. In dieser Phase hat die Ambivalenz wieder Hochkonjunktur. Unsere negative innere Stimme flüstert uns ein: »Vergiß es, es lohnt sich nicht.« – »Einen Mann, wie du ihn dir vorstellst, gibt es gar nicht.« – »Irgendwas machst du bestimmt falsch.«
Gerade dann ist es wichtig, sich nicht wieder in die Zwiespältigkeit fallen zu lassen, sondern beharrlich zu bleiben. Glauben Sie weiterhin fest daran, daß Sie über kurz oder lang bekommen, was Sie sich wünschen.
Susan Page schreibt es neben ihrem intensiven Engagement vor allem dieser inneren Gewißheit zu, daß sie heute glücklich verheiratet ist. Sie berichtet aus ihrer Erfahrung als Single: »Ich glaubte fest, daß ich mich nur weiterhin umschauen und aushalten müßte, bis ich hatte, was ich wollte. Ganz gewiß gab es auch entmutigende und deprimierende Momente, aber dennoch bezweifelte ich niemals ernsthaft, daß ich mein Ziel erreichen würde.«
Verlieren Sie Ihr Ziel nicht aus den Augen, auch wenn der Weg dahin gelegentlich mühsam erscheint. Die Hauptsache ist, daß Sie genau wissen, was Sie wollen.

Vierter Schritt
Das Leben bereichern

Wer da hat, dem wird gegeben

Sie fragen sich vermutlich, was denn dieser Schritt ausgerechnet mit der Suche nach einem passenden Partner zu tun hat. Nach meiner Erfahrung eine ganze Menge.

Zunächst einmal haben wir eine positivere Ausstrahlung, wenn es uns gutgeht, als wenn wir niedergedrückt oder abgehetzt erscheinen. Wir sind offener, fröhlicher und selbstbewußter. Gewiß haben Sie schon selbst erlebt, daß Ihnen plötzlich wildfremde Menschen viel freundlicher begegnen, wenn Sie gute Laune haben. Sind wir dagegen unglücklich oder unzufrieden, schrecken wir andere eher ab. Daher spielt unsere Einstellung zum Leben für die Suche nach einem Partner eine größere Rolle, als wir vielleicht glauben. Wir werden auch für Männer wesentlich attraktiver, wenn wir ausgeglichen und glücklich sind. Marianne Williamson beschreibt diesen Effekt treffend und humorvoll, indem sie sagt: »Kein Mann wird am nächsten Tag seinem Freund begeistert erzählen: ›Du, gestern habe ich eine fabelhafte deprimierte Frau kennengelernt.‹«

Ein erfülltes Leben hat noch eine weitere Wirkung: Sobald wir uns auch allein wohl fühlen, erhält ein Mann eine völlig andere Funktion. Wir erwarten dann nicht von ihm, daß er uns den Sinn unseres Daseins vermittelt oder dafür sorgt, daß es uns gutgeht. Vielmehr ist er eine willkommene Ergänzung unseres ohnehin reichen Lebens. Aus einer Position der Stärke heraus können wir gelassen nach einem Partner Ausschau halten und signalisieren nicht unterschwellig, daß wir ihn unbedingt zum Glück benötigen.

In dieser Hinsicht ist es mit der Suche nach dem richtigen Mann ähnlich wie mit der Suche nach dem richtigen Job: Stellen Sie sich vor, Sie haben eine gute Anstellung in einer Firma. Sie verdienen genug, die Arbeit macht Ihnen Spaß. Trotzdem haben Sie nach einiger Zeit den Wunsch, sich zu verändern. Mit diesem Hintergrund gehen Sie in ein Vorstellungsgespräch. Wahrscheinlich treten Sie dort recht locker auf. Schließlich haben Sie ja nichts zu verlieren. Sie stellen sich von Ihrer besten Seite dar, schauen genau, ob Sie sich mit dem angebotenen Arbeitsplatz wirklich verbessern und nennen Ihre Forderungen. Am Ende können Sie sich in Ruhe entscheiden.

Unterstellen wir nun, Sie sind unzufrieden mit Ihrer Arbeit und wollen unbedingt weg von Ihrem alten Tätigkeitsfeld. Entsprechend verkrampft werden Sie bei einem potentiellen Chef oder einer Chefin auftreten. Ihre Worte und Ihre Körpersprache vermitteln Ihrem Gegenüber möglicherweise unbewußt, wie dringlich Sie wechseln möchten. Dadurch haben Sie von vornherein schlechtere Karten. Man drückt Ihre Gehaltsansprüche oder lehnt Sie sogar ab. Der amerikanische Unternehmer Stewart Wilde erklärt das so: »Die Unsicherheit strahlt aus, und die anderen reagieren negativ. Es erinnert sie an ihre eigene Verwundbarkeit.«

Wenn wir aus einem Gefühl der Fülle und nicht aus einem Mangel heraus handeln, sind wir erfolgreicher. Auch auf diesem Gebiet gilt die alte Weisheit: »Wer da hat, dem wird gegeben.« Aus diesem Grund finde ich diesen Schritt für die Suche nach einem passenden Partner besonders wichtig.

Wie verteilen Sie Ihre Energie?

Ein erfülltes Leben zu führen bedeutet nicht nur, daß wir ganz in unserer Arbeit aufgehen, uns liebevoll um andere kümmern oder wenig Zeit haben. Es gehören noch zahlreiche andere Aspekte dazu, die wir genauso beachten müssen und die nach psychologischer Erfahrung zum Glück beitragen. Sie lassen sich übersichtlich in Form einer »Energie-Torte« darstellen:

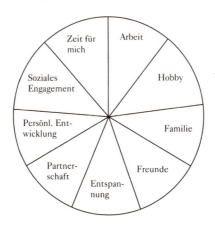

Wenn wir jedem dieser Bereiche genügend Aufmerksamkeit schenken, ist unser Leben sinnvoll ausgefüllt und im Gleichgewicht. Falls Sie in dieser Hinsicht unsicher sind, machen Sie doch einmal die Probe aufs Exempel. Finden Sie heraus, nach welchem Muster Sie Ihre Energie verteilen:

- Zeichnen Sie auf ein Blatt Papier einen großen Kreis.

- Nehmen Sie die obige »Energie-Torte« als Anregung. Tragen Sie in Ihren Kreis alle Bereiche ein, die in Ihrem Leben eine Rolle spielen. Den Bereich »Partnerschaft« können Sie für sich in »Partnersuche« umformulieren.

Machen Sie Ihre »Tortenstücke« so groß, wie es dem entsprechenden Zeiteinsatz innerhalb einer Woche entspricht.
Das kann z. B. so aussehen:

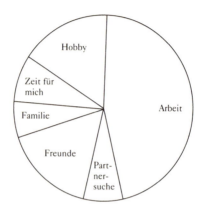

Sollten Sie weniger Bereiche eingetragen haben, als auf der »Modell-Torte« eingezeichnet sind, geht es Ihnen wie den meisten von uns. Wir lassen unsere Energie vor allem in drei oder vier Lebensbereiche fließen und vernachlässigen den Rest.

Meist geraten die einzelnen Stücke auch unterschiedlich groß. Für manche Bereiche wenden wir viel Zeit und Kraft auf, die natürlich für andere fehlen. Schließlich ist unsere Leistungsfähigkeit begrenzt, und jeder von uns muß mit vierundzwanzig Stunden pro Tag auskommen.

Daß wir Prioritäten setzen, ist völlig in Ordnung. Kritisch wird es erst, wenn ein Stück übermäßig viel Platz einnimmt. So habe ich es selbst erlebt. Lange Zeit bestand meine »Energie-Torte« nur aus wenigen Stücken, und nahezu drei Viertel entfiel auf die Arbeit. In der Gemeinschaftspraxis, in der ich tätig war, übernahm ich sämtliche schweren Fälle und sagte selten nein, wenn sich ein neuer Klient meldete und Hilfe brauchte. Hatte ich dann endlich Feierabend, fühlte ich mich erschöpft und ausgelaugt. Meine Freunde gaben bald auf, mich zu fragen, ob ich etwas mit ihnen unternehmen wollte. Sie wußten schon, daß ich sowieso mit der Entschuldigung ablehnen würde, ich sei zu müde. Weil Arbeit in meiner Familie einen hohen Stellenwert hatte, brauchte ich einige Jahre, um zu erkennen, daß mein Leben im Ungleichgewicht war und daß diese Einteilung weder mir selbst noch meinen Klienten gut bekam. Wie sollte ich ihnen denn glaubwürdig vermitteln, daß sie sich mehr Entspannung gönnen oder ihre sozialen Kontakte pflegen mußten, wenn ich es selbst nicht tat?

Für meine Freundin Gerlinde war ein anderes »Tortenstück« zu groß. Dank einer Erbschaft hatte sie es nicht nötig, zu arbeiten. Gegen Mittag stand sie auf, frühstückte in aller Ruhe und las ausgiebig Zeitung. Dann verabredete sie sich am Telefon mit Freunden und ging fast jeden Abend aus. Ein traumhaftes Leben, so schien es. Trotzdem war Gerlinde unglücklich darüber, daß ihre Tage sinnlos verliefen. Da halfen auch die esoterischen Seminare wenig, für die sie auf ihrer Suche nach einem Lebenssinn viel Zeit und Geld einsetzte. Erst als sie eine Ausbildung zur Goldschmiedin anfing, fühlte sie sich wirklich zufrieden.

Falls es uns besonders schwerfällt, den gewohnten Lebensstil aufzugeben, liegt das oft daran, daß wir ihn von unseren Eltern übernommen und die damals erlernten Werte verinnerlicht haben. Vielleicht war unser Vater ein Workaholic, und wir eifern ihm nach. Oder in unserer Familie wurde Geselligkeit großgeschrieben, und wir fühlen uns noch heute verpflichtet, ein offenes Haus zu führen. Mit dem Effekt, daß wir viel zu wenig Zeit für uns selbst haben. Es kann auch sein, daß unsere Mutter uns vorgelebt hat, daß eine Frau das Wohl ihrer Lieben vor ihr eigenes setzen muß. Bewußt streben wir solche Modelle meist gar nicht an, dennoch bestimmen sie unser Leben mehr, als wir denken.

Ein weiterer Grund veranlaßt uns womöglich, die entspannenden Stücke auf unserer Energietorte besonders schmal zu halten: Wir sind zu streng mit uns selbst und verfahren nach der preußischen Regel »Erst die Arbeit, dann das Spiel«. Nur nimmt die Arbeit meist kein Ende! Vor allem Hausarbeit und berufliche Aufgaben haben die Neigung »nachzuwachsen«. Wenn ich mir die Zeit für mein Hobby oder für meine Entspannung nicht einfach nehme, sondern warte, bis ich wirklich alles erledigt habe, gibt es sie meist nicht mehr. Sich Freiheit zu gönnen ist nämlich gar nicht so leicht. Hella z. B. hatte schon lange den Wunsch, zu malen. Am Anfang mußte sie sich aber regelrecht dazu zwingen, an der Staffelei zu bleiben, wenn sie an den Berg Bügelwäsche dachte ...

Nun ist es womöglich an der Zeit, die gewohnten Werte und Einstellungen zu hinterfragen und sie mit Geduld und Selbstdisziplin durch andere zu ersetzen.

Ihre »Energie-Torte« zeigt auf einen Blick, wo Sie eventuell etwas ändern müssen. Ich möchte Ihnen nahelegen, darauf zu achten, ob sich zu wenige Stücke darin befinden oder ob es welche gibt, die extrem dünn oder dick geraten sind.

Vielleicht genügt Ihnen der Überblick nicht, und Sie möchten genauer wissen, wo Sie etwas ändern sollten.

Mit neun Checklisten zu den verschiedenen Lebensbereichen erfahren Sie es detailliert und erhalten gleichzeitig in der Auswertung Hinweise, in welche Richtung Sie in Zukunft gehen können:

- Arbeit
- Hobbys
- Freunde
- Familie
- Zeit für mich
- Entspannung
- Persönliche Entwicklung
- Soziales Engagement
- Partnersuche

Test:
Neun Checklisten zu allen Lebensbereichen

Kreuzen Sie jede Aussage an, die für Sie zutrifft.

1. Arbeit – Macht sie Ihnen noch Spaß?

❑ *Wenn ich nichts zu tun habe, werde ich ganz kribbelig.*

❑ *Ich habe häufig das Gefühl: »Ohne mich geht es nicht.«*

❑ *Wenn mir jemand Arbeit anträgt, kann ich schlecht nein sagen.*

❑ *Meine Arbeit verbraucht den größten Teil meiner Energie.*

❑ *Ohne Arbeit wäre mein Leben ziemlich leer.*

❑ *Ich betrachte meine Leistung viel zu kritisch.*

❑ *Arbeit ist für mich ein notwendiges Übel.*

❑ *Ich finde meine Tätigkeit wenig sinnvoll.*

❑ *Meine Kollegen oder Vorgesetzten machen mir das Leben schwer.*

❑ *Bei meiner jetzigen Arbeit fehlt mir etwas ganz Entscheidendes (Freiheit, Selbständigkeit, Anerkennung, Abwechslung oder ähnliches).*

❑ *Ich fühle mich unterfordert.*

❑ *Ich fühle mich überfordert.*

Auswertung

Zählen Sie nun zusammen, wie viele Aussagen Sie angekreuzt haben. Die angekreuzten Aussagen werden im folgenden immer als »Ja-Antworten« bezeichnet. Das gilt auch für alle weiteren Checklisten.

Keine Ja-Antwort:
Sie gehören zu den Glücklichen, die nicht nur ihren Beruf, sondern ihre Berufung gefunden haben.

Eine bis drei Ja-Antworten:
Denken Sie gezielt über eine Veränderung nach.
Schon eine einzige Ja-Antwort kann ein Hinweis sein, daß Sie etwas an Ihrer Arbeit verändern sollten. Das gilt vor allem dann, wenn Sie die Arbeit bisher zum Mittelpunkt Ihres Lebens gemacht haben oder sie insgesamt als sinnlos empfinden. Andere Ja-Antworten deuten daraufhin, daß Sie Veränderungen ganz gezielt angehen können. Setzen Sie genau dort an, wo der Schuh drückt. Verlangen Sie z. B. von Ihrem Chef mehr Verantwortung, oder versuchen Sie, durch Fortbildung Ihre Möglichkeiten zu verbessern.

Vier bis sechs Ja-Antworten:
Ihre innere Einstellung spielt eine große Rolle.
Sie sind mit Ihrer Tätigkeit offenbar nicht so recht glücklich. Vielleicht haben Sie bisher geglaubt, Ihre Unzufriedenheit läge allein an den ungünstigen Umständen. Die mögen gewiß eine Rolle spielen, aber sie werden noch durch Ihre persönliche Einstellung verstärkt. Prüfen Sie selbst, woran es liegt: Lassen Sie sich zuviel gefallen? Funktionieren Sie zu gut? Orientieren Sie sich nur am Materiellen? Verschaffen Sie sich erst über solche Fragen Klarheit, bevor Sie daran denken, den Job zu wechseln.

Sieben bis zwölf Ja-Antworten:
Es gibt viel zu tun – packen Sie's an!

»Love it or leave it« – »Liebe es, oder laß es sein«, heißt eine amerikanische Redensart. Bei so vielen Ja-Antworten sind Sie sicher unglücklich mit Ihrer Tätigkeit. Natürlich kann man nicht schnell mal eben seinen Beruf wechseln. Aber vielleicht ist es einen Versuch wert, in einem anderen Team oder einer anderen Abteilung zu arbeiten? Setzen Sie sich im Rahmen des Möglichen intensiv für eine Veränderung ein. Machen Sie dazu einmal folgendes Experiment: Engagieren Sie sich einen Tag lang hundertprozentig für Ihre Arbeit, gehen Sie ganz bewußt mit der Einstellung daran: »Alles, was ich heute zu tun habe, tue ich ganz bewußt.« Sie werden staunen: Auf diese Weise kann sich Ihr Frust in Interesse verwandeln.

2. Hobbys –
Was machen Sie mit Ihrer Freizeit?

❑ *Es gibt so viele Dinge, die ich gerne täte – aber ich komme einfach nicht dazu.*

❑ *Ich finde, mit einem Hobby verschwendet man bloß seine Zeit.*

❑ *Eigentlich weiß ich gar nicht so recht, was mir Spaß machen könnte.*

❑ *Für das, was mich interessiert, bin ich nicht geeignet, z. B. zu jung, zu alt, zu unbegabt.*

❑ *Was mich als Freizeitbeschäftigung interessiert, ist viel zu teuer.*

❑ *Meine Freunde oder andere für mich wichtige Menschen lehnen mein Hobby ab.*

❑ *In meiner freien Zeit sehe ich meist fern.*

❑ *Es gibt nichts, wofür ich mich in der Freizeit wirklich begeistern kann.*

❑ *Ich bin froh, wenn ich in meiner Freizeit einfach alle viere von mir strecken kann.*

Auswertung

Keine Ja-Antwort:
Sie reiten vermutlich schon glücklich Ihr Steckenpferd. Weiterhin viel Spaß daran!

Eine bis zwei Ja-Antworten: Geben Sie sich innerlich einen Ruck.
Lust hätten Sie ja schon, in Ihrer Freizeit mal etwas anderes zu unternehmen als das Übliche, aber ... Dagegen stehen die Zeit, die Kosten oder was auch immer. Mal ehrlich, echte Hindernisse sind das im Grunde doch nicht. Seien Sie also nicht zu zögerlich. Versuchen Sie es einfach mit etwas, das Sie schon immer mal ausprobieren wollten, sei es nun Fallschirmspringen oder Seidenmalerei. Auch beim Hobby kommt der Appetit meist beim Essen.

Drei bis fünf Ja-Antworten:
Was haben Sie eigentlich gegen interessante Freizeit?
Für Sie lohnt es sich, einmal sorgfältig Ihre Vorurteile gegen Hobbys zu überprüfen. Ein Hobby muß weder teuer noch zeitaufwendig sein. Und Spitzenleistungen müssen Sie auch nicht bringen. Ihnen würde es in jedem Fall guttun, sich nicht immer nur nach dem Nützlichen auszurichten, sondern auch mal so richtig verspielt, kreativ und unpraktisch zu sein. Wann fangen Sie damit an?

Sechs bis neun Ja-Antworten:
Sie brauchen dringend einen Ausgleich.
Und wenn Sie noch so logisch argumentieren, warum gerade Sie kein Hobby ausüben: Daß Sie so viele Gründe dagegen angekreuzt haben, muß tiefer liegende Ursachen haben. Trauen Sie sich etwa

zu wenig zu? Sind Sie im Laufe der Zeit bequem geworden? Es klingt nach einer Ausrede, wenn Ihnen überhaupt nichts zusagt, oder wenn Sie angeblich keine Zeit finden. Machen Sie sich bitte klar: Arbeit ist nur das halbe Leben, und immer nur Fernsehen macht auch nicht froh.

3. Freunde – Was sind sie Ihnen wert?

❏ *Meine besten Freunde wohnen alle ziemlich weit weg.*

❏ *Für meine Freunde habe ich leider viel zuwenig Zeit.*

❏ *Meine jetzigen Freunde passen nicht mehr richtig zu mir.*

❏ *Eine richtig gute Freundin (Freund) habe ich nicht.*

❏ *Ich fühle mich oft einsam.*

❏ *Ich habe niemanden, der mal etwas mit mir unternimmt.*

❏ *Anderen Menschen gegenüber bin ich ziemlich mißtrauisch.*

❏ *Ich hätte gerne einen größeren Bekanntenkreis.*

❏ *Ich habe den Kontakt zu meinem Freundeskreis abgebrochen.*

❏ *Ich finde meine privaten Kontakte ziemlich oberflächlich.*

❏ *Manchmal habe ich den Eindruck, daß mich meine Freunde nur ausnutzen.*

Auswertung

Keine Ja-Antwort:
Gratuliere, was Ihren Freundeskreis betrifft, ist bei Ihnen keine Veränderung nötig.

Eine bis drei Ja-Antworten:
Achtung, Freundschaft leicht gefährdet.
Ihnen ist völlig klar, daß man Freunde fürs Leben braucht, doch Sie tun nicht genug dafür. Wenn Sie Freunde gewonnen haben, neigen Sie dazu, die Beziehung auf Eis zu legen, mit der festen Absicht, sie bei passender Gelegenheit wieder aufzutauen. Bedenken Sie bitte, daß Freundschaften gepflegt sein wollen, mit einem Telefonanruf, einem Brief oder einem Besuch. Falls es Ihnen an Freunden mangelt, hilft nur eins: Trauen Sie sich mehr als bisher, von sich aus Kontakt zu schließen. Erfahrungsgemäß erwartet jeder vom anderen, daß der den ersten Schritt tut. Warum also nicht Sie?

Vier bis sieben Ja-Antworten:
Sie sind im Umbruch.
Möglicherweise haben bei Ihnen in letzter Zeit innerlich oder äußerlich gravierende Veränderungen stattgefunden, zum Beispiel eine persönliche Weiterentwicklung, ein Berufswechsel oder Umzug. Das wirkt sich als latente Unzufriedenheit mit den bestehenden Beziehungen oder gar als Einsamkeit aus.
Vielleicht sind diese Gefühle aber auch ein deutliches Zeichen dafür, daß Sie so negative Einstellungen wie Mißtrauen aufgeben und umdenken sollten. Nutzen Sie diese »Krise« als Chance zur Verbesserung.

Acht bis elf Antworten:
Freunde dringend gesucht!
Was ist los? Vielleicht haben Sie sich abgekapselt, weil Sie häufig enttäuscht worden sind. Oder Sie sind der Überzeugung, Familienmitglieder reichten als Bezugspersonen? Es kann auch sein, daß Sie sich selbst nicht liebenswert genug finden, um Freunde zu gewin-

nen. Isolieren Sie sich nicht. Sie brauchen Freunde, zur Unterstützung, als Gefährten und für den alltäglichen Austausch. Halten Sie die Augen offen, vertiefen Sie den Kontakt zu Menschen, die Ihnen sympathisch sind. Der feste Wille, Freunde zu gewinnen, bewirkt mehr, als Sie vielleicht glauben.

4. Familie – Wächst sie Ihnen über den Kopf?

Mit »Familie« sind hier Eltern, Geschwister und die übrige Verwandtschaft gemeint, ebenso natürlich Ihre Kinder, falls sie nach einer Trennung bei Ihnen leben.

❏ *Ich habe viel zu selten Zeit, etwas mit der Familie zu unternehmen.*

❏ *Die Probleme mit den Kindern bekomme ich einfach nicht in den Griff.*

❏ *Ich finde, daß meine Familie meinen Einsatz nicht genug schätzt.*

❏ *Meine Familie »frißt mich auf«.*

❏ *Ich könnte sie alle in die Wüste schicken.*

❏ *Ich habe das Gfühl, daß zuviel Verantwortung auf mir lastet.*

❏ *Familientreffen wie Mahlzeiten, Wochenenden, Feste verlaufen meist ziemlich frustrierend.*

❏ *Die meiste Hausarbeit bleibt an mir hängen.*

❏ *In unserer Familie geht jeder seiner Wege.*

❏ *Die Beziehung zu meinen Eltern ist ziemlich schlecht.*

Auswertung

Keine Ja-Antwort:
Um Ihr Familienleben sind Sie zu beneiden.

Eine bis drei Ja-Antworten:
Ein bißchen frischer Wind kann nicht schaden
Zugegeben, es ist nicht alles zum besten, aber es läßt sich aushalten. Warum aber sollten Sie das? Es lohnt sich immer, für mehr Glück zu kämpfen. In Ihrem Fall müssen Sie nicht einmal besonders viel verändern. Sie sollten bloß endlich mal den Mund aufmachen und klipp und klar sagen, was Ihnen nicht paßt. Vermutlich wird die liebe Familie zuerst aus allen Wolken fallen. Dann wird sie aber endlich mal hinhören, weil Sie jetzt deutlich sagen, was Ihnen gegen den Strich geht, anstatt immer nur zu jammern. Falls Sie allerdings auf Dauer etwas verändern wollen, müssen Sie über längere Zeit konsequent bleiben.

Vier bis sieben Ja-Antworten:
Lassen Sie los!
Ihr Unzufriedenheitspegel liegt bereits über dem Durchschnitt – ob noch knapp oder schon reichlich, das müssen Sie allein entscheiden. Aber Zeit, etwas zu verändern, ist allemal. Fangen Sie zuerst bei Ihrer Einstellung an. Denn auf die Familienmitglieder haben Sie viel weniger Einfluß als auf sich selbst. Überlegen Sie in Ruhe, womit Sie sich selbst so unter Druck setzen. Vielleicht wollen Sie möglichst alles unter Kontrolle haben? Lassen Sie innerlich mehr los. Ein alter Spruch heißt: »Liebe ist ein Kind der Freiheit.« Das gilt auch für die Liebe zur Familie.

Acht bis zehn Ja-Antworten:
Ihre Familie schafft Sie!
Bei Ihnen besteht die Gefahr, daß Sie sich für die Familie aufreiben. Veränderung ist dringend angesagt, damit Sie auf die Dauer nicht mit Streßsymptomen wie Kopfweh, Herz- oder Magenbeschwerden reagieren. Es sieht ganz so aus, als ob Sie ständig Energie in

Ihre Familie hineinpumpen und dafür nur geringe Unterstützung zurückbekommen.

Grund genug, einmal zu überlegen, woher diese aufopfernde Haltung kommt. Fürchten Sie, andernfalls nicht perfekt zu sein? Sie tun Ihren Lieben keineswegs etwas Gutes, wenn Sie ihnen alles abnehmen. Lernen Sie, zu delegieren – und denken Sie auch mal an sich selbst.

5. Zeit für sich – Haben Sie genug davon?

❑ *In der letzten Woche hatte ich Zeit für eine kreative Tätigkeit.*

❑ *Ich genieße es, meinen Gedanken nachzuhängen.*

❑ *Wenn ich Zeit und Ruhe für mich haben möchte, halten sich die anderen in der Regel daran.*

❑ *Ich kann gut alleine sein.*

❑ *Ich habe jeden Tag mindestens eine halbe Stunde für mich.*

❑ *In der Wohnung habe ich meinen eigenen Raum oder zumindest eine Ecke für mich.*

❑ *In meinem Terminkalender gibt es täglich auch eine Strecke unverplante Zeit.*

❑ *In den vergangenen vier Wochen hatte ich genügend Zeit für mich.*

❑ *Ich nehme mir regelmäßig Zeit, das zu tun, wozu ich Lust habe, z. B. Musik hören, lesen, bummeln.*

❑ *Ich tagträume gern.*

Auswertung

Null bis drei Ja-Antworten: So geht es nicht weiter!
Wenn Sie tatsächlich so wenig Zeit für sich haben, kommen Sie in Ihrem Alltag ja selbst kaum noch vor. Jeder Mensch braucht die Möglichkeit, sich zurückzuziehen und sich nur mit dem zu beschäftigen, was ihm Freude macht. Wenn es Ihnen so schwerfällt, überlegen Sie doch bitte einmal, wie es in Ihrer Kindheit war. Mußten Sie meist für andere dasein? Durften Sie sich nie gehenlassen? Heute jedenfalls sind Sie erwachsen und bestimmen selbst, was für Sie gut ist. Überlegen Sie einmal in Ruhe, was Sie wollen. Mehr Zeit für sich zählt ganz sicher dazu.

Vier bis sechs Ja-Antworten: Vorsicht, Zeiträuber!
Es sieht ganz so aus, als wären bei Ihnen Zeiträuber am Werk, wie in Michael Endes Geschichte »Momo«. Wie Sie die Wochentage zeitlich auch drehen und wenden, es springen einfach nicht genügend Minuten für Sie allein heraus. Natürlich wissen Sie: Zeiträuber gibt es nicht. Sie selbst sind daran beteiligt, daß Sie so wenig Muße haben. Prüfen Sie bitte Ihre Motive: Müssen Sie sich und anderen beweisen, daß Sie unentbehrlich sind? Wollen Sie alles so perfekt machen, daß es einfach zuviel Zeit kostet?
Oder laufen Sie vor der Selbstbesinnung davon? Wenn Sie Ihren inneren Zeiträubern auf die Spur kommen, wird sich automatisch auch äußerlich einiges ändern.

Sieben bis acht Ja-Antworten: Sie sollten sich Zeit gönnen.
Sie sorgen schon dafür, daß Sie Zeit für sich finden, aber Sie stehen nicht so ganz dahinter. Vermutlich plagt Sie, wie viele Frauen, das schlechte Gewissen, wenn Sie sehen, was alles liegenbleibt, wenn Sie sich mit etwas anderem beschäftigen. Und wenn es Sie noch so in den Fingern kribbelt: Bleiben Sie standhaft! Lassen Sie den Staub, die Bügelwäsche oder das Referat erst einmal ruhen. Müßiggang ist *nicht* aller Laster Anfang, sondern genauso wichtig wie jede »sinnvolle« Tätigkeit. Er dient dazu, Kraft und Lebensfreude zu tanken. Das sollten Sie übrigens auch Ihren Mitmenschen deutlich sagen.

Neun bis zehn Ja-Antworten:
Sie nehmen sich genügend Zeit für alle schönen Dinge des Lebens. Lassen Sie sich davon auch in Zukunft nicht abhalten. Nur weiter so!

6. Entspannung – Fühlen Sie sich wohl in Ihrer Haut?

❑ *Nach der Arbeit kann ich schwer abschalten.*

❑ *Mir fehlt eine gute Technik, um mich zu entspannen, z. B. autogenes Training, Meditation, Yoga.*

❑ *Während meiner Arbeit mache ich selten Pause.*

❑ *Am Wochenende arbeite ich auf, was während der Woche liegengeblieben ist.*

❑ *Häufig fühle ich Verspannungen im Nacken oder Rücken.*

❑ *Ich schlafe schwer ein.*

❑ *Ich bin anfällig für Infektionen wie z. B. Erkältungen.*

❑ *Ich rauche, trinke oder esse zuviel.*

❑ *Ich fühle mich oft abgespannt.*

❑ *Ich habe Schuldgefühle, wenn ich nichts Nützliches tue.*

❑ *Ich habe häufig Kopf-, Magen- oder Herzschmerzen.*

❑ *Oft arbeite ich über meinen »toten Punkt« hinweg.*

❑ *Wenn ich müde bin, versuche ich meist, mich mit Kaffee, Tee oder einer Zigarette wieder fit zu machen.*

Auswertung

Keine Ja-Antwort:
Sie können sich wunderbar entspannen. Genießen Sie diesen Zustand so oft wie möglich.

Eine bis drei Ja-Antworten: Machen Sie mal Pause!
Sie können sich eigentlich ganz gut entspannen. Nur in Streßsituationen lassen Sie sich zu leicht aus der Bahn werfen. Wahrscheinlich glauben Sie, Sie könnten sich keine Unterbrechung leisten und müßten unbedingt durchhalten. Aber genau das ist falsch. Untersuchungen haben ergeben: Wer regelmäßig nach eineinhalb Stunden eine kleine Pause macht, erhöht sein tägliches Leistungspotential. Jede noch so kleine Entspannung ist also eine gute Investition. Daran sollten Sie vor allem dann denken, wenn's hektisch wird.

Vier bis sechs Ja-Antworten: Mehr Ausgewogenheit ist nötig.
Vorsicht, Sie stehen auf der Kippe. Was Sie sich an Entspannung gönnen, reicht nicht aus, um Sie wirklich fit und gesund zu halten. Für Sie ist vor allem Kontinuität wichtig. Auf der einen Seite voll durchzupowern und auf der anderen das Wochenende erschöpft zu verschlafen, bringt weniger als regelmäßiges Entspannen. Gewinnen Sie wieder ein Gefühl dafür, was Ihr Körper verlangt. Er signalisiert Ihnen nämlich durch Verkrampfung oder Müdigkeit, wann eine Pause nötig ist. Geben Sie ihm dann, was er will.

Neun bis dreizehn Ja-Antworten: SOS für Ihre Gesundheit.
Sie müssen das reinste Nervenbündel sein. Natürlich ist es möglich, daß Sie eine gute körperliche Konstitution haben oder verflixt zäh sind. Aber lange werden Sie das so kaum durchhalten. Auch ohne besonders pessimistisch zu sein, kann man hochrechnen, wann Ihr Körper auf diesen Raubbau an seinen Kräften reagiert. Fahren Sie Ihren Streßpegel deshalb unbedingt herunter. Es besteht kein Grund, sich für die Firma oder die Familie oder gar beides fertigzumachen. Sie ahnen sicher schon, daß Ihnen das sowieso keiner dankt. Treten Sie auf die Bremse, und gönnen Sie sich mehr Ent-

spannung. Simpel, aber konkret: Versuchen Sie autogenes Training, schlafen Sie genug, ernähren Sie sich richtig.

7. Persönliche Entwicklung – Treten Sie auf der Stelle?

❑ *Ich finde, daß ich mit jedem Lebensjahr »besser« werde (sicherer, interessanter).*

❑ *Ich stelle mich immer wieder neuen Herausforderungen.*

❑ *In den letzten sechs Monaten habe ich etwas für meine Fortbildung getan, habe an einem Kurs oder Seminar teilgenommen, Fachbücher gelesen, Vorträge gehört.*

❑ *Ich bin sicher, daß ich noch viel im Leben erreichen werde.*

❑ *Im Prinzip kann ich meine Probleme gut selbst lösen oder mir geeignete Hilfe holen.*

❑ *In den letzten zwei Jahren habe ich mindestens ein neues Hobby oder Interesse entdeckt.*

❑ *Ich übernehme für mein Leben die volle Verantwortung.*

❑ *Meine guten Vorsätze halte ich – zumindest nach einigen Anläufen – auch ein.*

❑ *Ich achte auf meine Gesundheit, ernähre mich gut und bewege mich ausreichend.*

❑ *Wenn ich mich im Spiegel betrachte, mag ich mich.*

❑ *Aus meinen Fehlern habe ich bisher immer gelernt.*

Auswertung

Keine bis zwei Ja-Antworten: Achtung, Sie stagnieren.
Sie rühren sich zur Zeit innerlich kaum von der Stelle. Schuld daran ist vermutlich das falsche Bild, das Sie von sich haben oder das andere Ihnen einreden wollen. Es sieht so aus, als trauten Sie sich zuwenig zu oder als dächten Sie, für Sie lohne sich der Aufwand nicht. Das ist in jedem Fall falsch! Die beste Investition, die Sie machen können, ist immer noch die in sich selbst. Das gilt sowohl für die praktische Fortbildung als auch für die seelische Weiterentwicklung. Werfen Sie den Ballast negativer Gedanken ab. Sagen Sie sich: »Ich bin genauso gut wie alle anderen, und ich bin es mir wert, daß ich meine Ziele erreiche.«

Drei bis fünf Ja-Antworten:
Keine Angst vor Selbstentfaltung!
Hand aufs Herz, ganz zufrieden sind Sie mit sich nicht. Zu Recht, denn Sie könnten mehr für Ihre persönliche Entwicklung tun. Falls dahinter Bequemlichkeit oder Angst steckt, sollten Sie sich einen Ruck geben. An Anregungen besteht dabei gewiß kein Mangel. Sie reichen vom Selbstbehauptungstraining in der Volkshochschule über den italienischen Sprachkurs bis hin zum Lehrbuch über Astrologie. Geben Sie dem nach, was Sie gefühlsmäßig anzieht. Schließlich schreibt Ihnen kein Mensch vor, wie und wohin Sie sich entwickeln sollen – nur vorwärts muß es gehen.

Sechs bis acht Ja-Antworten:
Es darf ein bißchen mehr sein!
Warum sind Sie so zaghaft, was Ihre persönliche Entwicklung betrifft? Sie haben doch schon eine Menge geschafft! Nun geht es an die »Feinarbeit«. Überlegen Sie, was Sie an sich gerne noch verbessern möchten, und nehmen Sie das als nächstes in Angriff. Vielleicht möchten Sie sich weiterbilden, durchsetzungsfähiger werden oder sich mehr akzeptieren? Fangen Sie am besten gleich damit an. Eine alte Weisheit lautet: »Leben ist lernen.« Genau das ist ja auch der Spaß daran.

Neun bis elf Ja-Antworten:
Es macht Freude, eine so dynamische Persönlichkeit wie Sie kennenzulernen.

8. Soziales Engagement – Unterstützen Sie Ihre Mitmenschen?

❑ *Ich setze mich persönlich für einen oder mehrere Menschen ein, pflege ein Familienmitglied, betreue einen Gefangenen, u.a.*

❑ *Ich gehöre einer Gemeinschaft an, der auch das Wohl anderer Menschen und unserer Erde wichtig ist (Kirche, Partei, Betriebsrat, Amnesty International, Tierschutzverein, Greenpeace usw.).*

❑ *Ich interessiere mich für Politik und das Weltgeschehen.*

❑ *Ich setze ein gewisses Maß an Zeit und Energie für meine Mitmenschen ein.*

❑ *Ich spende regelmäßig Geld für einen guten Zweck.*

❑ *Ich finde, daß die Menschen füreinander verantwortlich sind.*

❑ *Ich übe eine ehrenamtliche Tätigkeit aus.*

❑ *Ich unterstütze häufig Menschen in meiner unmittelbaren Umgebung (Nachbarn, Kollegen oder Bekannte).*

❑ *Ich kümmere mich in meinem Bereich um Umweltschutz.*

❑ *Ich kann gut zuhören.*

❑ *Ich habe einen Beruf, in dem ich auch sozial tätig bin.*

Auswertung

Keine Ja-Antwort: Sie sind absolut egozentrisch.
Damit schaden Sie letztendlich nur sich selbst. Sie berauben sich des Glücksgefühls, anderen etwas geben zu können. Wollen Sie wirklich nie die Dankbarkeit und Befriedigung erleben, die Menschen erhalten, die sich engagieren?

Eine bis drei Ja-Antworten:
Bleiben Sie sensibel für Ihre Umgebung.
Schauen Sie noch einmal nach, wo genau Sie Ihr(e) Ja-Kreuzchen gemacht haben: Bei einer Frage zur Gesinnung oder bei einer zur praktischen Tat? Der gute Wille ist zwar eine wichtige Voraussetzung, aber genauso wichtig ist es, zu handeln. Schließlich wird vom Zeitunglesen allein die Politik nicht besser. Es bleibt gewiß auch für Sie noch einiges zu tun. Werden Sie aufmerksam für das, was Sie in Ihrer Umgebung an Menschlichkeit einbringen können.

Vier bis sieben Ja-Antworten:
Sie haben ein gutes Maß gefunden.
Sie haben erkannt, wie erfüllend es für Sie sein kann, nicht immer nur um sich selbst zu kreisen. Sie setzen sich für andere ein und haben ein offenes Auge und Ohr für die Nöte in Ihrer Umgebung. Wahrscheinlich haben Sie ein Ideal, aus dem sich Ihre Energie speist. Ob dieses Ideal für Sie in einer Religion oder in der mitmenschlichen Verantwortung liegt, spielt keine Rolle. Auf das Ergebnis kommt es an – und das kann sich bei Ihnen sehen lassen.

Acht bis elf Ja-Antworten:
Alle Achtung – aber kommen Sie dabei nicht selbst zu kurz?
Eine Mutter Theresa sind Sie noch nicht, aber doch schon auf dem Weg dorthin. Solange Sie damit glücklich sind, gibt es keinen Grund, etwas zu verändern. Ihr Engagement ist bewundernswert. Aber erlauben Sie leise Zweifel an Ihrem Verhalten: Frauen werden allzugern als das »hilfreiche Geschlecht« bezeichnet. Es kann sein, daß auch Sie gelernt haben, zuerst an alle anderen zu denken und

erst zum Schluß an sich selbst. So hart fordert es aber noch nicht einmal das christliche Gebot. Immerhin heißt es: »Liebe deinen Nächsten wie dich selbst.« Achten Sie darauf, daß Sie Ihren Einsatz nicht übertreiben.

9. Partnersuche – Sind Sie wirklich aktiv?

❑ *Meine Freunde und Freundinnen wissen, daß ich gerne einen Partner haben möchte.*

❑ *Ich unternehme mindestens einmal in der Woche gezielt etwas, wobei ich einen Mann kennenlernen könnte.*

❑ *Ich lese regelmäßig die Kontaktanzeigen in einer seriösen Zeitung.*

❑ *Ich habe selbst schon eine Kontaktanzeige aufgegeben.*

❑ *Ich habe schon auf eine Anzeige geantwortet.*

❑ *Ich bin fest entschlossen, Möglichkeiten wie Kontaktanzeigen oder Single-Clubs (auch weiterhin) zu nutzen.*

❑ *Ich sage offen, daß ich zur Zeit solo bin.*

❑ *Ich signalisiere Männern, die mir gefallen, daß ich sie gut finde.*

❑ *Ich beginne von mir aus ein Gespräch mit einem Mann, den ich sympathisch finde.*

❑ *Ich schaue mich in meiner Umgebung bewußt nach einem Mann um, der mir gefällt.*

❑ *Ich treffe mich mit Männern, um festzustellen, ob sie passend für mich sind.*

Auswertung

Keine Ja-Antwort:
Vom Glück zu zweit nur zu träumen, bringt Sie nicht weiter, Sie müssen auch etwas unternehmen.

Eine bis zwei Ja-Antworten:
Sie zögern noch.
Immerhin, Sie haben schon angefangen, konkret etwas dafür zu tun, daß sich Ihr Wunsch nach einem Partner erfüllt. Offenbar sind Sie aber noch nicht recht davon überzeugt, daß sich Ihre Anstrengungen auch lohnen. Oder Sie haben Hemmungen, offen für Ihre Vorstellungen einzutreten. Verhalten Sie sich selbstbewußter und mutiger auf diesem Gebiet. Es gibt keinen Grund, so zurückhaltend zu sein. Machen Sie sich klar, daß Sie nur ernten, was Sie auch säen.

Drei bis vier Ja-Antworten:
Sie sind auf dem Weg.
Sie sind schon recht intensiv dabei, sich um einen Partner zu kümmern. Allerdings haben Sie noch nicht alle Möglichkeiten ausgeschöpft. Was hindert Sie daran? Überprüfen Sie doch bitte, ob Sie bestimmten Methoden gegenüber Vorurteile haben. Es gibt keine »guten« oder »schlechten« Arten, einen Mann zu finden. Jede ist auf ihre Art vorteilhaft. Je mehr Wege Sie nutzen, um einen passenden Partner kennenzulernen, desto größer sind Ihre Erfolgschancen.

Fünf bis elf Ja-Antworten:
Sie machen Nägel mit Köpfen.
Sie haben sich eindeutig auf die Suche gemacht. Wenn Sie weiterhin so gezielt vorgehen, müssen Sie nach dem Gesetz der Wahrscheinlichkeit irgendwann auch Erfolg haben. Achten Sie nur darauf, daß das Pendel nicht zu weit ausschlägt und Sie zu intensiv nach einem Partner Ausschau halten. Das kann leicht zu einer Verkrampfung führen, die Männer erfahrungsgemäß eher abschreckt.

Erstellen Sie Ihr
persönliches Energie-Programm

Angeregt durch die Ergebnisse der Checklisten, wissen Sie jetzt wahrscheinlich recht genau, auf welchem Gebiet Sie aktiver werden müssen, um Ihr Leben zu bereichern. Nun geht es darum, auf dieser Basis Ihr persönliches Programm zu erstellen:

■ Nehmen Sie sich als erstes den Bereich vor, der Ihrer Meinung nach am dringendsten verändert werden muß.

■ Schließen Sie die Augen, und vergegenwärtigen Sie sich, was Sie sich in diesem Bereich wünschen. Was möchten Sie erleben? Was genau möchten Sie tun? Was würden Sie dabei empfinden? Lassen Sie einen Film vor Ihrem inneren Auge ablaufen, der die Erfüllung Ihrer Wünsche zeigt.
Im Bereich »Freundschaft« können Sie sich zum Beispiel in einer Szene mit vielen Freunden um einen runden Eßtisch sitzen sehen. Alle lachen, plaudern und genießen das Zusammensein. Sie fühlen sich wohl und gelöst.

■ Nehmen Sie ein Blatt Papier, und schreiben Sie in Stichworten der Reihe nach alles auf, was Sie sich ausgemalt haben. Berücksichtigen Sie dabei sämtliche Details.

■ Listen Sie nun auf, was konkret getan werden muß, um Ihr inneres Bild zu verwirklichen. Für das Essen mit Freunden z. B.: ein gutes Rezept heraussuchen, einkaufen, die Freunde rechtzeitig einladen.

■ Setzen Sie sich einen festen Termin, wann Sie Ihr Vorhaben in die Tat umsetzen wollen. Tragen Sie ihn in Ihren Kalender ein, und nehmen Sie ihn genauso wichtig wie Ihre übrigen Pflichten.

- Arbeiten Sie auf diese Weise alle Bereiche durch, die Sie bisher stiefmütterlich behandelt haben. Planen Sie für jeden einen kleinen, konkreten Schritt. Es hat wenig Sinn, sich gleich mit Riesenprojekten zu überfordern.

Wie schon bei den anderen Schritten gilt auch hier: Bedenken Sie, daß Veränderungen zur Gewohnheit werden müssen, wenn sie von Dauer sein sollen. Rechnen Sie damit, daß Sie immer wieder in die alte Trägheit zurückfallen. Ärgern Sie sich dann nicht darüber, sondern richten Sie Ihre Aufmerksamkeit erneut auf Ihr Ziel.

Um daran erinnert zu werden, kopieren Sie sich am besten die komplette »Energie-Torte« und hängen sie an die Wand. Nehmen Sie sich in regelmäßigen Abständen die »Stücke« vor, die Sie nicht vernachlässigen wollen.

Ein doppelter Effekt wird Sie für Ihre Beharrlichkeit bei diesem Schritt belohnen: Sie sind für einen potentiellen Partner attraktiv, vor allem aber gewinnen Sie unabhängig davon mehr Freude durch ein erfülltes Leben.

Fünfter Schritt
Gelegenheiten schaffen

»Sag mir, wo die Männer sind …«

Während ich an diesem Kapitel schrieb, erschien auf der Ratgeber-
seite im »Hamburger Abendblatt« der Brief einer Leserin mit der
fettgedruckten Überschrift »Sag mir, wo die Männer sind …«.
Darin schreibt sie, daß sie nach einer Scheidung zunehmend unter
Einsamkeit leidet und etwas dagegen tun möchte. Sie fragt: »Wo
sind denn eigentlich die ganz normalen Männer mit Niveau und
Interesse an einer lebendigen Partnerschaft? Es gibt doch mit
Sicherheit viele geschiedene oder verwitwete Männer mit An-
spruchsdenken, die abends nicht nur halb bewußtlos in den Sessel
sacken oder vor dem Fernseher einschlafen, sondern die noch neugierig auf das Leben sind und sich über eine optimistische, aktive
Partnerin mit vielen Interessen freuen würden.« Und dann folgt
darauf die Antwort eines Psychologen, in der es unter anderem
heißt: »Die Wahrscheinlichkeit, daß sich Ihre Hoffnungen erfüllen
werden, ist gering. Der Markt, auf den Sie sich begeben, ist zwar
nicht gänzlich leergefegt, aber doch verhältnismäßig dünn besetzt.
Wenn dann Männer auf eine Frau wie Sie treffen und mit Ihrer Dynamik, mit Ihren hohen Erwartungen konfrontiert werden, müssen
zwangsläufig alle Signale auf Abwehr oder Flucht springen. Stellen
Sie sich darauf ein, alleinzubleiben und dennoch ein erfülltes Leben
zu führen.«
Wie geht es Ihnen, wenn Sie das lesen? Vielleicht nicken Sie und
denken: »Genau, es gibt einfach keine guten Männer, die noch zu
haben sind.« Damit sitzen Sie schon in der Falle der Resignation.

Zahlen besagen wenig

Als ich die Antwort meines Kollegen las, wurde ich richtig wütend. Wieder mal wird die Statistik herangezogen, die für den Einzelfall wenig besagt. Beunruhigende Zahlenverhältnisse haben meist nur die verheerende Wirkung, vom Ziel abzubringen. Als ich mit dem Psychologiestudium beginnen wollte, sah es zahlenmäßig für meine Zunft sehr schlecht aus. In Hamburg gab es Hunderte von arbeitslosen Psychologinnen und Psychologen. Hätte ich mich von der Statistik leiten lassen, befände ich mich heute in einem sicheren, aber ungeliebten Beruf. Mein Wunsch, als Therapeutin zu arbeiten, war jedoch so intensiv, daß ich die Statistik ignorierte. Ich glaubte fest daran, daß ich eine Möglichkeit zur Arbeit finden würde.

Verstehen Sie mich bitte nicht falsch. Ich will damit nicht sagen: Wer es nicht schafft, ist selbst schuld. Ich wehre mich nur energisch dagegen, daß wir resignieren sollen, noch bevor wir alles versucht haben. Zahlen können nichts über Ihren Erfolg bei der Partnersuche aussagen, denn sie erfassen weder Ihre Energie, Ihren Willen, Ihre Persönlichkeitsentwicklung, Ihre Kontaktfreude noch Ihre Beharrlichkeit. Außerdem suchen Sie schließlich nicht Tausende von Männern, sondern nur einen, den richtigen. Lassen Sie sich also nicht entmutigen, selbst dann nicht, wenn Sie tatsächlich nicht mehr so vielen freien Männern begegnen wie während Ihrer Schulzeit. Es stimmt, daß in jungen Jahren die Auswahl größer ist und daß es uns leichter fällt, zu wechseln, auszuprobieren und neu zu suchen, aber das heißt nicht, daß es in späteren Jahren unmöglich ist. Falls Sie ernsthaft eine Beziehung suchen und dafür alles tun, werden Sie über kurz oder lang den passenden Partner finden.

Der amerikanische Psychotherapeut John Selby und seine Kollegen untersuchten mehrere Jahre lang, welche Eigenschaften die Suche nach einem passenden Partner erfolgreich machen. Dabei fanden sie heraus, daß vor allem ein Faktor entscheidend war: Diejenigen, die schließlich in der Liebe zum Ziel kamen, unternahmen dazu konkrete Schritte. Sie träumten nicht nur, sondern wurden aktiv.

Offenbar gilt die Redensart »Von nichts kommt nichts« auch auf diesem Gebiet. Wir müssen Zeit und Energie investieren, um einen passenden Partner zu finden. Leider hindern wir uns selbst oft genug daran, indem wir uns mit pessimistischen Gedanken, Ausreden und Vorurteilen den Schwung rauben, bevor wir überhaupt angefangen haben.

Machen Sie im Alltag
die Augen auf

Eines der beliebtesten Alibis, um sich gar nicht weiter bemühen zu müssen, ist die resignierte Frage: »Wo soll ich denn schon jemanden kennenlernen?« Meine Antwort darauf klingt vielleicht für Sie zunächst enttäuschend. Sie lautet ganz einfach: Machen Sie im Alltag die Augen auf.

Sicher, manche von uns haben auf den ersten Blick mehr Möglichkeiten als andere. Eine Sekretärin ist während ihrer Arbeitszeit wahrscheinlich von mehr Männern umgeben als eine Kindergärtnerin, doch für die Partnerwahl besagt das wenig. Es gibt immer noch genügend Chancen, Männer kennenzulernen, wenn wir wirklich dazu bereit sind. Jede von uns bewegt sich täglich in Bereichen, in denen auch Single-Männer zu finden sind, zum Beispiel beim Sport, auf Fortbildungskursen, auf Reisen, in der Kantine, beim Einkaufen oder im Kino. Unsere tägliche Umgebung ist unser hauptsächliches Aktionsfeld, und es ist garantiert fruchtbarer als die besonderen Gelegenheiten, bei denen wir hoffen, den Mann fürs Leben zu treffen.

Nach meiner kleinen privaten Statistik haben Frauen aus meinem Umkreis im Alter zwischen dreißig und fünfzig im letzten Vierteljahr in folgenden Situationen attraktive Männer kennengelernt, die an einer festen Beziehung interessiert waren: in der Sauna, auf einer Familienhochzeit, auf einem Betriebsfest und beim Fahrradhändler. Und die folgende Kennenlern-Variante ist zwar selten, zeigt aber, daß auch kleine Wunder im Alltag jederzeit möglich sind:

Corinna hatte sich vor vier Jahren von ihrem Freund getrennt. Inzwischen war sie ihr Single-Dasein gründlich satt und machte daraus auch keinen Hehl. Freunde von ihr waren mit einem Journalisten bekannt, der für eine Zeitschrift arbeitete. Die Redaktion dieses Blattes beschloß, einen großen Report über Singles zu bringen. Na-

türlich benötigte man dazu auch interessante Interviews von alleinlebenden Frauen und Männern. Der Journalist übernahm die
Recherche und hörte sich in seinem Bekanntenkreis nach aus-
kunftsfreudigen Singles um. Corinnas Freunde gaben ihm ihre Telefonnummer. Sie war spontan bereit, etwas von ihrem Leben zu
erzählen, und verabredete sich mit dem Journalisten in einer Sze-
nekneipe. Ein paar Tage später traf ich sie. Sie strahlte: »Ich habe
mich verliebt.« Zwischen ihr und dem Journalisten hatte es schon
bei diesem ersten Treffen gefunkt. Leider konnte die Zeitschrift
Corinnas Interview nicht verwenden, weil sie seitdem kein Single
mehr ist. Vor kurzem haben die beiden geheiratet. Ganz nebenbei:
Was wäre gewesen, wenn sie sich geniert hätte, über ihr Alleinsein
zu sprechen? Ihre Aufgeschlossenheit hat ihr Glück gebracht.

Wenn ich Sie dazu ermuntere, im Alltag die Augen aufzumachen,
heißt das nicht, daß es mühelos ist, im eigenen Umfeld jemanden
kennenzulernen. Das ist leider nur im Film oder in Liebesromanen
so. Wenn wir im Supermarkt sinnend auf das Etikett einer Wein-
flasche schauen, tritt vermutlich kein gutaussehender, charmanter
Mann neben uns und sagt: »Ich empfehle Ihnen den badischen
Riesling. Und was halten Sie davon, wenn wir heute abend ein Glas
zusammen trinken?« Es sagt auch keiner auf einer Party: »Sie sind
die Frau meines Lebens.« Das bleiben Tagträume, die vor der
Wirklichkeit wie Seifenblasen zerplatzen. Wir müssen uns selbst
intensiv darum bemühen, Kontakt zu bekommen, und zwar ganz
beharrlich auch dann, wenn wir über längere Zeit keinen Erfolg
damit haben. Ich weiß, es ist wahrhaftig kein besonders gutes Gefühl, abzublitzen, eine erstaunte Reaktion zu erhalten oder festzustellen, daß wir gerade mit einem verheirateten Mann geflirtet haben. Aber daß es auch unangenehm und stressig sein kann, einen
Partner zu suchen, ist kein Grund, es zu lassen.

153

Wie sieht Ihr Umfeld aus?

Je größer Ihr Umfeld ist, in dem Sie einem potentiellen Partner begegnen können, um so mehr wächst auch Ihre Chance dazu. Übrigens sollten Sie nicht nur Kontakt zu Männern aufnehmen, sondern auch zu Frauen. Auf diese Weise erweitern Sie Ihr soziales Netz und erhöhen damit Ihre Chancen für eine Partnerschaft. Jede Frau, die Sie kennenlernen, kennt wiederum einige ledige Männer und kann Sie miteinander bekannt machen. Die Gesellschaft für Rationelle Psychologie in München hat in einer Studie festgestellt, daß der erfolgreichste Weg, einen Mann kennenzulernen, darin besteht, ihm von Freunden oder Freundinnen vorgestellt zu werden. Vielleicht klingt es in Ihren Ohren arg berechnend, sich nur deshalb neue Lebensbereiche zu erschließen und auf Frauen oder Männer zuzugehen, um jemanden kennenzulernen. Ich möchte Sie in diesem Punkt beruhigen: Es ist völlig in Ordnung, daß Sie den Schwerpunkt darauf legen. Sie nutzen die Menschen, die Ihnen begegnen, ja nicht aus, sondern schenken ihnen auch etwas sehr Kostbares von sich: Ihre Aufmerksamkeit.

■ Gehen Sie von Ihren normalen Lebensgewohnheiten aus, und durchforsten Sie sorgfältig Ihren Alltag. Wo haben Sie normalerweise Gelegenheiten, Männer kennenzulernen? Stellen Sie das auf einer Liste zusammen, damit Sie einen Überblick gewinnen. Zum Beispiel:

- Bus, U-Bahn
- Einkaufen
- Kino
- Jogging
- Radfahren
- Hund ausführen
- Ausgehen
- Stammkneipe
- Arbeit
- bei Freunden
- auf Parties

- Museum, Galerie
- Konzert
- Schwimmbad
- Buchläden, Bibliotheken
- Waschsalon
- Café
- Fitneßclub
- Vorträge
  usw.

Machen Sie sich bitte klar, daß dies alles gute Gelegenheiten sind, einen Mann kennenzulernen. Fangen Sie am besten heute schon an, sich bewußt umzuschauen, sobald Sie aus dem Haus gehen. Achten Sie auf die Menschen um Sie herum. Wenn Sie zumindest einen Mann genau ansehen, der Ihnen optisch gefällt, sind Sie auf dem richtigen Weg. Normalerweise hasten wir nämlich ziemlich blicklos und in uns gekehrt durch die Gegend und denken nur an das, was wir erledigen müssen.

Erweitern Sie Ihren Aktionsradius

Unsere alltäglichen Aktivitäten sind meist recht eingeschliffen. Deshalb kann für die Partnersuche frischer Wind nicht schaden. Damit meine ich nicht (nur), daß Sie sich für den berühmten Volkshochschulkurs anmelden sollen, sondern daß Sie etwas unternehmen, das Sie *gerne tun* und bei dem Sie *gleichzeitig* auch Männer treffen.

■ Überlegen Sie, wie Sie Ihre Aktivitäten weiter ausdehnen können. Machen Sie auch hiervon eine Liste. Zum Beispiel:
- Computer-Kurs
- Stand auf dem Flohmarkt
- Mithilfe in der Kirche
- Single-Club
- Gasthörerin an der Uni

- Nebenjob, z. B. als Garderobiere oder Marktforscherin
- Kurs für Wirtschafts-Englisch
- Seminar für T'ai chi oder Astrologie
- Kur
- Wochenendtrip
  usw.

Zugegeben, sich zusätzlich einen Bereich zu erschließen, ist gar nicht so einfach. Zunächst einmal steht unsere natürliche Trägheit dagegen. Wir haben mit den alltäglichen Belastungen schon genug zu tun und wenig Lust, uns noch mehr aufzubürden. Weit häufiger steckt aber eine Angst vor dem Neuen dahinter und hindert uns, unsere Möglichkeiten zu erweitern. Die Psychologin Susan Jeffers schlägt deshalb vor, jeden Tag bewußt ein Risiko einzugehen, um den eigenen Freiraum zu erweitern. Damit meint sie nicht, daß wir im Dunkeln allein durch den Park spazieren sollen, sondern daß wir täglich etwas Positives unternehmen, bei dem wir eine innere Hürde überwinden müssen.

Sicher kennen Sie dieses mulmige Gefühl in der Magengrube, wenn Sie etwas tun, wobei Sie sich nicht ganz sicher fühlen. Vielleicht erleben Sie es, wenn Sie im Restaurant einen Tisch ansteuern und die übrigen Gäste Sie neugierig anschauen. Oder wenn Sie gerne mit einer sympathischen Frau Freundschaft schließen möchten, aber nicht wissen, ob sie das möglicherweise als aufdringlich empfindet. Sie trotzdem anzurufen und zum Kaffee einzuladen kann genau die Art Risiko sein, die hier gemeint ist. Solche kleinen Wagnisse, die Ihren Kreis erweitern und Ihr Selbstwertgefühl fördern, sollten Sie auch auf der Suche nach dem passenden Partner eingehen.

Wie zum Beispiel Lena es kürzlich getan hat. Sie stand in einem großen Kaufhaus am Uhrenstand. Ein Mann, der ihr gefiel, hatte ratlos zwei Armbanduhren in der Hand und konnte sich offenbar nicht entscheiden. Lena gab sich innerlich einen Ruck und sagte zu ihm: »Ich würde die linke nehmen. Die paßt viel besser zu Ihnen.« Der Mann lächelte Lena freundlich an und sagte: »Vielen Dank für den guten Tip. Ich glaube, Sie haben recht.« Nein, er lud sie nicht zum Kaffee ein. Die kleine Geschichte war damit zu Ende, aber

Lena fühlte sich trotzdem gut. Sie war über ihren Schatten gesprungen. Und wer sagt denn, daß ihre Initiative nicht beim nächsten Mal der Anfang einer Liebesbeziehung ist?

Frau mit Kind sucht...

Wenn Sie eine alleinerziehende Mutter sind, gilt der Hinweis, sich im Alltag umzuschauen und die Aktivitäten zu erweitern, für Sie natürlich genauso wie für die Single-Frauen ohne Kind. Allerdings muß ich Ihnen wohl kaum erzählen, daß Ihre Bedingungen aller Wahrscheinlichkeit nach etwas schwieriger sind: Kinder, besonders solange sie noch klein sind, verbrauchen den größten Teil unserer Energie und vor allem unserer Zeit. Außerdem entwickeln sie bewußt oder unbewußt Strategien, damit sie weiterhin der Mittelpunkt unseres Lebens bleiben und die Aufmerksamkeit nicht mit einem Fremden, der am Ende gar noch ihr Papa werden will, teilen müssen.

So schlafen sie zum Beispiel partout nicht ein, wenn es schnell gehen soll, weil Mama eine Verabredung hat. Sie müssen noch ein allerallerletztes Küßchen kriegen, wollen unbedingt ihre alte Pumuckl-Puppe, die längst weggepackt ist, haben schrecklichen Durst oder bekommen plötzlich Bauchschmerzen. Krankheiten sind überhaupt ein bewährtes Druckmittel, wenn Mama etwas vorhat. Kinder erkranken offenbar bevorzugt dann, wenn wir es am wenigsten gebrauchen können. Da möchten wir mit unserem Bekannten endlich mal ein Wochenende lang alleine verreisen. Die Tagesmutter hat zugesagt, unser Kind ausnahmsweise für diese Zeit zu übernehmen. Ausgerechnet dann bekommt es Fieber. Aus der Traum vom Wochenende zu zweit.

Ein weiteres heikles Kapitel ist die kindliche Eifersucht. Betroffene Frauen können ein Lied davon singen, wie flegelhaft sich ihre sonst so lieben Kleinen plötzlich benehmen, wenn ein Verehrer der Mutter auftaucht.

Ich brauche Ihnen die verschärften Bedingungen einer Mutter mit Kind(ern) gewiß nicht weiter auszumalen. In ihrem Buch »Rettet

157

die Liebe vor den Kindern« faßt Gabriele Flessenkemper sie zusammen: »Mit ihren Bedürfnissen sabotieren Kinder jedes selbst-
bestimmte Timing von Erwachsenen: den gemeinsamen Rhythmus
der Liebe, die Stunden der Intimität, unbefangene Begegnungen
und Zärtlichkeiten am Tage.«
Trotzdem läßt sich die Suche nach dem passenden Partner auch für
Sie als Mutter erfolgreich gestalten, wenn Sie zwei Dinge besonders
beachten:

■ Denken Sie mehr an sich.
■ Organisieren Sie sich kinderfreie Zeit.

Das klingt einfach, ist aber in der Praxis schwer. Unser schlechtes
Gewissen und unser Wunsch, eine gute Mutter zu sein, stehen dagegen. Das Kind hat ja ohnehin nur einen Elternteil ständig, und
außerdem soll es auch nicht die Einsamkeit oder Vernachlässigung
durchmachen, die wir vielleicht selbst in unserer Kindheit erleben
mußten. Aus dieser Einstellung ergibt sich, daß wir unsere Zeit
gleichmäßig zwischen Beruf, Haushalt und Kind aufteilen, aber
uns selbst kaum welche gönnen – auch nicht dafür, einen Mann
kennenzulernen. Eins steht jedoch fest: Wir tun unseren Kindern
nichts Gutes, wenn wir ihnen unseren Wunsch nach Liebe opfern.
Wenn sie ihre Mutter nur als geschlechtsloses altruistisches Wesen
erleben, lernen sie daraus, daß Frauen keine eigenen Bedürfnisse
haben. Das wird ihnen später weder als erwachsene(r) Frau noch
als Mann zu einer glücklichen Partnerschaft verhelfen. Aus meiner
Praxis weiß ich zudem, daß nicht einmal der Dank für die Auf-
opferung sicher ist.
Setzen Sie sich deshalb bitte konsequent und ohne Schuldgefühle
für Ihre Belange ein. Sie sind keine Rabenmutter, weil Sie Ihrem
Kind Frechheiten gegen einen männlichen Besucher verbieten, gelegentlich einen Babysitter bestellen und manchmal nicht gestört
werden möchten. Erklären Sie es Ihrem Kind, und beweisen Sie
ihm mit Verständnis und Zärtlichkeit, daß es Ihre Liebe nicht verliert, wenn ein Dritter hinzu kommt.

In der Diskussion nach Vorträgen äußerten alleinlebende Mütter häufig die Vermutung, daß sie mit Kind weniger Chancen hätten. Dem möchte ich widersprechen. Meine Erfahrung ist, daß Männer vorhandenem Nachwuchs gegenüber gar nicht so ablehnend sind, wie man glaubt. »Wer will denn schon eine Frau mit einem dreijährigen Kind?« mußte sich meine Kollegin Cornelia von ihrer Mutter nach der Scheidung anhören. Zwei Jahre später machte sie die Erfahrung, daß der Mann, in den sie sich verliebte, sich sogar darüber freute, daß er mit Frau plus kleiner Tochter zu einer kompletten Familie kam. Andere männliche Singles, mit denen ich darüber sprach, äußerten sich ähnlich positiv.

Allerdings sollten wir die Beziehung zwischen potentiellem Partner und Kind sich behutsam und organisch entwickeln lassen. Eine Frau erzählte, daß sie zum ersten Rendezvous ihre fünfjährige Tochter mitgenommen hat, damit der Mann gleich wußte, worauf er sich einließ. Das finde ich eher unklug. Erst einmal muß sich die Beziehung zwischen den Erwachsenen stabilisieren, dann erst sollten die Kinder miteinbezogen werden. Auf diese Weise ersparen wir ihnen auch Experimente und Wechsel, die sie schwer verkraften können. Wenn Sie es schaffen, Zeit für sich zu gewinnen, können Sie durchaus die gleichen Möglichkeiten nutzen wie Frauen ohne Kind.

Keine Angst vor Unbekannten!

Wenn wir in unserem vertrauten Bereich oder außerhalb Kontakte knüpfen wollen, ist es wichtig, dazu ein passendes Verhaltensrepertoire zu entwickeln. Nicht jede von uns ist die geborene Unterhaltungskünstlerin, schlagfertig, charmant und souverän. Viel häufiger sind wir ängstlich, verkrampft oder zugeklappt wie eine Auster. Wir fühlen uns unbeholfen und stehen unter Streß, sobald wir uns irgendwie produzieren sollen. In diesem Zustand nützt uns selbst die größte Ansammlung netter Männer wenig. Es gibt jedoch eine Reihe psychologischer Techniken, die uns helfen können, uns locker und sicher zu bewegen.

Nehmen Sie sich ausnahmsweise mal nicht wichtig

Als erstes ist es notwendig, daß wir uns entspannen, wenn wir uns auf unbekanntes Terrain begeben oder auf einen Mann zugehen. Wir neigen meist dazu, uns für den Nabel der Welt zu halten, und glauben, alle blickten nur auf uns und dächten: »Die sucht hier bestimmt einen Mann« oder: »Mit der stimmt wohl was nicht, weil sie hier so alleine auftaucht.« Mit solchen Vorstellungen manövrieren wir uns selbst in ein peinliches Gefühl hinein. Tatsache ist, daß wir für die anderen nicht halb so interessant sind, wie wir glauben. Dazu ist jeder viel zu sehr mit sich selbst beschäftigt. Außerdem sind die meisten Menschen weniger ablehnend und kritisch, als wir annehmen. Wenn wir Interesse an ihnen zeigen, schmeichelt es ihnen.

In der Meditation wird oft ein Wort oder ein Satz, ein sogenanntes Mantra, ständig wiederholt, um den Geist zur Ruhe zu bringen. So eine Art Mantra können Sie auch gegen Ihre Hemmungen benutzen. Wenn Sie merken, daß Sie am liebsten den Rückzug antreten würden, oder wenn Sie mit einem mutigen Vorstoß keinen Erfolg haben, sagen Sie sich mehrmals innerlich vor: »Es ist wirklich nicht so wichtig.« Sie werden merken, daß sich Ihre Anspannung verringert, sobald Sie das Ereignis für sich relativieren. »Sub specie aeternitatis«, »unter dem Blickwinkel der Ewigkeit«, nannten Philosophen diese Sichtweise. Auf uns übertragen bedeutet es: In ein paar Tagen sieht das, was uns jetzt so wichtig oder peinlich erscheint, ganz unbedeutend aus. Wollen Sie wirklich Ihr Glück versäumen, nur weil Sie vor der Meinung der anderen Angst haben?

Machen Sie sich außerdem klar, daß Sie kein Sonderfall sind. Nicht nur Sie sind schüchtern oder fürchten sich davor, abgelehnt zu werden, Ihren Mitmenschen geht es genauso. Jede(r) wartet darauf, daß der oder die andere den Anfang macht. Sie werden erleben, wie froh und dankbar Ihr Gegenüber ist, wenn Sie die Initiative ergreifen. Die Male, bei denen Sie sich dabei eine Abfuhr holen werden, sind garantiert selten. Sollte Ihnen das passieren, kann ich nur raten, es nicht persönlich zu nehmen. Ein Mann, der auf eine freundliche Ansprache ruppig oder verletzend reagiert, hat Probleme mit seinem Selbstwertgefühl oder mit seinem Frauenbild und wäre sowieso nichts für Sie.

Sicher ist es nicht leicht, mit Unbekannten ins Gespräch zu kommen, doch es läßt sich lernen. Die Psychologen Leonard und Natalie Zunin haben sich speziell damit befaßt, wie man am besten Kontakt zu fremden Menschen herstellt. Sie sind der Meinung: »Menschliches Verhalten läßt sich zwar nicht programmieren wie ein Computer, aber es gibt eine große Anzahl elementarer Gesprächsmuster, die sich als nützlich erweisen.« Die vier wichtigsten möchte ich Ihnen im folgenden vorstellen. Sie dienen vor allem dazu, den Einstieg zu erleichtern und das erste Gespräch über den Anfang hinweg lebendig zu halten.

Plaudern Sie über das,
was um Sie herum passiert

Eine vierundzwanzigjährige BRIGITTE-Leserin schrieb mir:
»Neulich habe ich auf einer Party einen netten Mann kennengelernt. Er hat sich am Anfang auch für mich interessiert und mit mir
getanzt, aber dann habe ich mich wohl ziemlich blöd benommen.
Ich wußte einfach nicht, was ich mit ihm reden sollte, und habe ihn
nur angegrinst. Schließlich hat er sich mit einer anderen Frau beschäftigt. So geht es mir immer. Mir fällt einfach nichts Gutes ein,
und ich weiß auch nichts Witziges zu erzählen. Was soll ich nur
machen?«
Diese Leserin setzt sich auf die gleiche Weise schachmatt wie viele
von uns: Wir glauben, wir müßten unserem Gegenüber etwas ganz
Besonderes bieten, um seine Aufmerksamkeit zu fesseln. Das ist jedoch ein Trugschluß. Im Gegenteil, brillante Gesprächseröffnun-
gen oder atemberaubende Geschichten aus dem eigenen Leben verschrecken eher, als daß sie besonders anziehend wirken. Entweder
fühlt sich der andere dadurch zum Publikum degradiert oder gerät
unter den Druck, ebenfalls etwas Beeindruckendes von sich geben
zu müssen.
Anstatt also verzweifelt nach einem originellen Einstieg zu suchen, ist es besser, ganz normal zu bleiben. Gehen Sie einfach
von dem aus, was um Sie herum passiert. Indem Sie etwas aus
der Umgebung, die Sie mit dem anderen teilen, aufnehmen, finden Sie gemeinsamen Gesprächsstoff. Dabei empfiehlt es sich,
die Bemerkung in eine Frage zu kleiden, damit ihr Gegenüber in
die Unterhaltung einsteigen kann. In der Schlange am Supermarkt können Sie zum Beispiel mit Blick in den Korb Ihres Vor-
dermannes sagen: »Entschuldigen Sie, ich sehe gerade, daß Sie
dieses Tiefkühlgericht gewählt haben. Das wollte ich immer
schon mal probieren. Können Sie es empfehlen?« In der Sauna
sagen Sie etwa: »Es tut doch immer wieder gut, sich zu entspannen, nicht wahr?« Im Wartezimmer beim Arzt wenden Sie
sich an einen Leidensgenossen, indem Sie sagen: »Ist es nicht
unmöglich, daß man uns so lange warten läßt?« und auf einer

Party loben Sie einfach das Buffet. Sie finden gewiß einen Anknüpfungspunkt. Derartige Einstiege wirken sympathisch und spontan.

Lassen Sie ein wenig Persönliches einfließen

Die ersten Sätze des Gesprächs dienen lediglich als Eisbrecher und dürfen deshalb ganz allgemein sein. Haben Sie keine Angst, daß sie vielleicht zu banal klingen. Soll die Unterhaltung jedoch danach nicht versickern, müssen Sie schon etwas persönlicher werden. Sprechen Sie nicht nur über Fakten, sondern flechten Sie Ihre Gefühle oder Meinung mit hinein. Zum Beispiel: »Ich fühle mich hier ein bißchen verloren, weil ich nur die Gastgeber kenne« oder »Diesen italienischen Weißwein trinke ich sehr gerne. Er erinnert mich immer an meine Reisen in die Toscana.« Damit werfen Sie eine Art Angelhaken aus. Ist Ihr Gesprächspartner interessiert, kann er leicht fortfahren und möglicherweise erwidern: »Ich kenne hier auch kaum Leute. Wollen wir mal gemeinsam die Runde machen?« oder »Ach, lieben Sie Italien auch so? Ich finde, die Menschen dort verstehen es zu leben.« Ganz nebenbei erfahren Sie auf diese Weise auch, ob Sie beide Gemeinsamkeiten haben und auf der gleichen Wellenlänge liegen. Die ersten Minuten jedes Kontaktes sind immer auch eine Art Test, in dem Informationen und Eindrücke ausgetauscht und vom Verstand und den Sinnen gefiltert werden. Je mehr Gemeinsamkeiten sich finden, um so eher haben beide Lust, das Gespräch fortzusetzen. Natürlich sollten Sie nicht zu persönlich werden. Enthüllungen über Ihr Seelenleben oder Ihre Probleme sind auf dieser Gesprächsebene nicht angebracht.

Zeigen Sie sich interessiert

Ist das Gespräch erst einmal begonnen, müssen wir es weiterhin aufrechterhalten. Dabei geht den meisten Menschen schnell die Puste aus. Nach den ersten Sätzen folgt verlegenes Schweigen, weil sie

163

nicht wissen, wovon sie denn nun noch reden sollen. Hier hilft es, Interesse am anderen zu zeigen. Ermuntern Sie Ihr Gegenüber durch Fragen oder Zustimmung, sich weiter zu äußern, etwa: »Das ist ja wirklich interessant, was Sie da sagen« oder »Ja, genauso ging es mir neulich auch.« – »Was machen Sie denn beruflich?« Falls Sie mit Wärme und echtem Engagement nachfragen, wird sich der andere geschmeichelt fühlen und gerne fortfahren. Sie schaffen damit ein Klima, in dem er sich öffnen kann, und das fällt positiv auf Sie zurück. Ist es Ihnen nicht auch schon mal so gegangen, daß Sie das Gefühl hatten, sich wunderbar unterhalten zu haben – und dabei hatten Sie in Wirklichkeit überwiegend von sich erzählt? Auch hier gilt: Jeder ist für sich selbst der wichtigste Mensch. Das können Sie sich für ein gutes Gespräch zunutze machen. Falls Sie nicht besonders wortgewandt sind, hören Sie eben aktiv zu. Das heißt, Sie lauschen nicht stumm wie ein Fisch, sondern Sie geben Ihrem Gesprächspartner mit Nicken, Zustimmung und Nachfragen Impulse zum Weitersprechen.

Richtig zuhören ist tatsächlich eine Kunst. Sie verlangt, daß wir den anderen nicht nur als Stichwortgeber für eigene Erzählungen benutzen, sondern uns wirklich auf ihn einstellen. Wenn Sie dazu neigen, zuviel von sich zu sprechen, hilft Ihnen vielleicht mein kleiner Trick. Sobald mir auffällt, daß ich zu viel von mir rede, bremse ich mich bewußt, indem ich mir sage: Was ich mitteilen will, kenne ich. Was mein Gesprächspartner mir zu erzählen hat, weiß ich noch nicht. Also ist es für mich wesentlich interessanter zuzuhören.

Machen Sie Komplimente
Oder: Provozieren Sie ...

Ein wirkungsvoller Einstieg ins Gespräch sind Komplimente. Wenn Sie es ehrlich meinen und nicht zu dick auftragen, wird das auch einem Mann gefallen. Jeder hat etwas an sich, das hervorzuheben sich lohnt. Wenn Ihnen etwas Angenehmes ins Auge springt, dürfen Sie es gerne als Aufhänger benutzen. »Sagen Sie, wo haben Sie diese tollen Manschettenknöpfe her?« oder »Sie lächeln so nett, haben

Sie gute Laune?« Damit stimmen Sie Ihren Gesprächspartner positiv ein. In den USA werden Spitzenverkäuferinnen sogar darin geschult, ihrer Kundschaft ehrliche Komplimente zu machen. Der Effekt ist verblüffend: Der Kunde oder die Kundin hat gleich bessere Laune und wird für einen Kauf viel aufgeschlossener. In dem noblen New Yorker Kaufhaus Bergdorf and Goodman habe ich es selbst erlebt. Obwohl ich die Verkaufsstrategie durchschaute, fühlte ich mich plötzlich beschwingt und genoß die freundliche Betreuung. Warum also sollten wir nicht auch Lob und Komplimente als Einstieg in Privatgespräche nutzen?

Ein wenig mit Vorsicht zu genießen, aber im Prinzip recht wirkungsvoll ist auch das Gegenteil eines Komplimentes, die Provokation. Wenn Sie diese Technik mit Fingerspitzengefühl handhaben, können Sie auch damit männliche Aufmerksamkeit erwecken.
Kürzlich las ich über die junge Lauren Bacall eine hübsche Geschichte, die erläutert, was ich meine. Lauren versuchte, in Hollywood Fuß zu fassen und wichtige Kontakte zu knüpfen. Leider nahm auf den Partys der Filmbosse niemand von ihr Notiz. Bis ihr ein Kollege den Tip gab: »Lauren, du bist einfach zu nett. So wirst du übersehen. Provoziere die Männer doch mal ein bißchen, dann werden sie schon auf dich aufmerksam.« Lauren setzte den Rat sofort in die Tat um und fragte den nächsten attraktiven Mann: »›Wo haben Sie denn Ihre Krawatte gekauft?« Als der verblüfft fragte, warum sie das denn wissen wolle, sagte sie: »Damit ich die anderen Männer vor diesem Laden warnen kann.« An diesem Abend wurde Lauren jedenfalls nicht mehr übersehen.
Natürlich sollten Sticheleien dieser Art niemals aggressiv sein. Keiner hört sich begeistert eine Gemeinheit an. Als Ziel des (liebevollen) Spotts eignen sich nur unbedeutende Dinge. Behinderungen oder offensichtliche Mängel zu kritisieren ist taktlos und keineswegs witzig.
Am besten verpacken Sie eine kleine Lästerei nach der Manier »Zuckerbrot und Peitsche« in ein nettes Kompliment. Sie können zum Beispiel sagen: »Wie kommt ein so intelligenter Mann wie Sie zu so einer schwachsinnigen Schlußfolgerung?« oder »Sie sitzen

165

hier schon den ganzen Abend faul im Sessel. Dabei wette ich, daß Sie ein guter Tänzer sind.« Angriffslust in Maßen kann Männer durchaus faszinieren. Ihr Interesse wird geweckt, und Sie werden dadurch angeregt, sich mit Ihnen auseinanderzusetzen.

Haben Sie Geduld mit sich, wenn die hier geschilderten Konversationstechniken nicht auf Anhieb klappen. Wie alle Fähigkeiten müssen auch sie eingeübt werden. Am besten versuchen Sie es mit Menschen, bei denen Sie nicht schon von vornherein Herzklopfen bekommen: bei Ihrem Tankwart, dem Kioskbesitzer oder dem Postboten. Die lockere Kontaktaufnahme oder der kleine Flirt müssen zu Ihrem Repertoire werden, auf das Sie sicher zurückgreifen können, wenn es ernst wird. Betrachten Sie es als eine Art Handwerkszeug auf der Suche nach dem passenden Partner.

Der direkte Weg –
eine Kontaktanzeige

Vielleicht sind Sie es leid, in Ihrer täglichen Umgebung immer wieder neu auszutesten, ob ein Mann, der Ihnen gefällt, auch an einer festen Beziehung interessiert ist? Dann ist der direkte Weg einer Kontaktanzeige vielleicht jetzt gerade der richtige für Sie. Vor Jahren war es noch verpönt, sich auf diese Weise einen Partner zu suchen. Das war nur etwas für Frauen, die nicht attraktiv genug waren, um auf »natürliche« Weise an einen Mann zu kommen. Inzwischen sieht das ganz anders aus. Im Medienzeitalter werden eben auch die Medien eingesetzt, um sich kennenzulernen. Viele der Inserentinnen und Inserenten nutzen sie, um sich damit unnötige Umwege zu ersparen.

Eine Anzeige aufzugeben oder darauf zu antworten ist eine kleine Wissenschaft für sich. Der Kölner Journalist Franjo Graff veranstaltet seit Jahren erfolgreich Seminare, in denen Singles lernen, Anzeigen richtig zu schreiben und auszuwerten. Seine Erfahrung geht in meine folgenden Hinweise für Inserate mit ein:

Ehe Sie anfangen, eine Annonce zu formulieren, sollten Sie sich klarmachen: Ihr Inserat ist nur eine Möglichkeit von vielen, jemanden kennenzulernen. Es ist nicht wie die letzte Tankstelle vor der Autobahn, nicht Ihre einzige Chance. Je unverkrampfter und spontaner Sie an die Sache herangehen, um so besser.

Wo geben Sie am besten eine Anzeige auf?

Wählen Sie für Ihre Annonce eine Zeitschrift oder Zeitung, die Sie selbst gerne lesen und mit deren Inhalt Sie sich identifizieren können. Auf diese Weise treffen Sie am ehesten auf jemand, der die

167

gleiche Einstellung und Wellenlänge hat. Lokale Tageszeitungen haben meist einen breitgefächerten Leser- und Inserentenkreis. Der Vorteil dieser Blätter ist, daß ein interessierter Mann wahrscheinlich in Ihrer Nähe wohnt. Die großen überregionalen Zeitungen wie die »Zeit«, die »Frankfurter Allgemeine Zeitung«, die »Süddeutsche« oder die »Welt« sind in puncto Anzeigen als seriös bekannt. In den Szeneblättern der einzelnen Städte dagegen findet sich meist ein Potpourri von unseriösen und von ernstgemeinten Zuschriften. Erfahrungsgemäß eignen sie sich eher für jüngere Leute oder für Frauen, die erst einmal nur losen Kontakt bekommen möchten.

Billig ist das Annoncieren allerdings in keinem Fall: In den großen überregionalen Zeitungen kostet eine Anzeige durchschnittlich zwischen hundert und vierhundert Mark, in den lokalen um einhundert.

So formulieren Sie Ihre Anzeige

Sie haben sich das passende Blatt ausgesucht? Dann können Sie darangehen, Ihre Anzeige zu formulieren. Setzen Sie sich nicht zum Ziel, möglichst viele Zuschriften zu bekommen, sondern genau die richtigen. Es empfiehlt sich kaum, mehrere unterschiedlich formulierte Anzeigen aufzugeben, nur um viel Rücklauf zu haben. Beschränken Sie sich lieber auf eine gute und treffende. Je genauer Sie sich in Ihrer Anzeige beschreiben, desto weniger Männer werden zwar antworten, doch die Möglichkeit, daß jemand als Partner wirklich zu Ihnen paßt, ist größer als bei einem schwammig oder vage formulierten Text. Einige Basisdaten sollten Sie auf jeden Fall nennen: Ihr Alter und Ihre Größe, eventuell auch Ihr Gewicht. Sie brauchen ja keine Kiloangabe zu machen. Mit Adjektiven wie »schlank«, »sportlich« oder »vollschlank« können Sie Ihre Figur beschreiben. Machen Sie sich keine Gedanken, wenn Sie mollig sind. Viele Männer mögen gerade üppige Frauen. Sofern Ihre Kinder noch bei Ihnen wohnen, sollten Sie das besser nicht unterschlagen, um später keine unliebsame Überraschung zu erleben.

Soweit es diese festen Angaben betrifft, haben wir meist noch keine Probleme. Schwierig wird es, wenn wir uns selbst charakterisieren sollen. Vielen Menschen fehlt dazu verständlicherweise die Distanz. Wenn Sie sich unsicher fühlen, lassen Sie sich ruhig von Freunden oder Freundinnen helfen. Fragen Sie: »Was fällt dir zu mir ein? Nenne mir doch bitte mal ein paar Eigenschaften, die für mich typisch sind.« Sicher bekommen Sie auf diese Weise etliche brauchbare Anregungen für Ihren Anzeigentext.

Widerstehen Sie der Versuchung, sich in Ihrer Anzeige anders darzustellen, als Sie sind, bloß um besonders aufzufallen oder gut anzukommen. Wenn Sie eigentlich ein eher sachlicher Typ sind und mit Ihrem Inserat kabarettistische Höchstleistungen vollbringen, dann aber beim ersten Treffen stumm bleiben, haben Sie überhaupt nichts davon. Außerdem sind die klassischen Informationsanzeigen einfach unschlagbar. Darauf antworten nämlich auch Männer, deren Interesse nicht nur durch ausgefallene Formulierungen geweckt wird. Das heißt nun nicht, daß Ihre Anzeige knochentrocken und ohne Pfiff sein muß. Eine sechsundfünfzigjährige Bekannte von mir, die keine Lust auf einen gleichaltrigen Partner hatte (»Die spielen doch meist den Pascha«), überschrieb ihre Anzeige mit »Maude sucht Harold« – in Anspielung auf den Kultfilm, der die zauberhafte Liebesgeschichte einer alten Frau zu einem jungen Mann zum Inhalt hat. Sie bekam nur eine einzige Zuschrift, von einem fünfzehn Jahre jüngeren Interessenten. Seit fünf Monaten sind die beiden glücklich miteinander.

Beschreiben Sie sich durch zwei, drei Adjektive und über Dinge, die Sie gerne tun. Vermeiden Sie dabei möglichst Standard-Eigenschaften wie »attraktiv«, »humorvoll«, »sensibel« oder »vielseitig interessiert«. Mal ehrlich, wer von uns hält sich schließlich nicht dafür? Versuchen Sie, in wenigen Zeilen eine Atmosphäre zu schaffen, indem Sie gängige Begriffe umschreiben. Statt des üblichen »Meine Hobbys sind Reisen, Essen und Kino« können Sie es zum

Beispiel auch so ausdrücken: »Ich liebe den Atlantik, Spaghetti und die Komödien von Woody Allen.«

Passen Sie die Länge Ihrer Anzeige dem Erscheinungsbild der Zeitung an. Sechs bis zehn Zeilen sind in der Regel ein gutes Mittelmaß.

Sie antworten auf eine Kontaktanzeige

Falls Sie auf eine Anzeige antworten möchten, sollten Sie zunächst wissen, was hinter bestimmten Formulierungen steckt, die immer wieder auftauchen. Ausdrücke wie »Tagesfreizeit«, »Freizeitgestaltung«, »flexibel«, »tolerant«, »großzügig«, »aufgeschlossen« weisen auf sexuelle Abenteuerlust hin, weniger auf den Wunsch nach einer festen Bindung. Die Formulierung »nach großer Enttäuschung« hat immer einen wehleidigen Beigeschmack. Männer, die sie verwenden, haben häufig sehr hohe Erwartungen an eine Partnerin, die kaum zu erfüllen sind. Wenn Männer als Hobby »fotografieren« angeben, ist Vorsicht geboten – es gibt immer wieder Fotografen, die auf diesem Wege Nackt-Modelle suchen.

Nehmen Sie sich ruhig Zeit, bevor Sie auf eine Anzeige reagieren. Lesen Sie den Text mehrmals durch, und lassen ihn auf sich wirken. Gehen Sie auf den Ton der Annonce ein. Es ist ganz wichtig, daß der Mann, der später Ihren Brief liest, das Gefühl bekommt: »Die meint wirklich mich.« Schicken Sie um Himmels willen keinen kopierten Standardbrief mit der Anrede »Lieber Inserent«, auch wenn das schneller und praktischer ist. Sie suchen schließlich einen Partner und keine neue Versicherung. Beziehen Sie sich in der Anrede lieber auf eine Formulierung aus der Anzeige. Schreiben Sie zum Beispiel: »Hallo, liebe Waage« oder »Lieber Mozart-Fan«. Geben Sie sich in Ihrem eigenen Interesse Mühe. Dazu gehört natürlich auch, daß Sie auf Rechtschreibung achten und als Briefpapier nicht unbedingt ein herausgerissenes Ringblatt benutzen, um besonders lässig zu wirken. Ihr Brief sollte nicht länger als eine Seite sein.

Ein bißchen Vorsicht ist immer geboten. Geben Sie deshalb als Absender nur Ihren Vornamen und Ihre Telefonnummer an. Und wenn Sie Mut beweisen wollen, antworten Sie ohne Foto, auch wenn der Inserent es wünscht. Schließlich stellen Sie sich nicht bei einer Model-Agentur vor. Es ist Ihr Brief, der den Mann auf Sie neugierig machen soll, nicht Ihr Bild.

Noch ein taktischer Tip: Seien Sie nie unter den ersten, die antworten. Bei Tageszeitungen können Sie sich ruhig zehn Tage Zeit lassen, bei Wochenzeitungen sogar zwei, drei Wochen. Mehr als fünfzig Prozent der Zuschriften kommen in der ersten Woche an. Damit ist die Konkurrenz, gegen die Sie antreten müssen, in dieser Zeit am größten. Falls Sie aber mit einem knappen, gelungenen Brief als Nachzüglerin eintreffen, wirkt das souverän und viel interessanter.

Sie telefonieren zum erstenmal miteinander

Fassen Sie sich beim ersten Telefonat möglichst kurz. Über das Ohr entsteht in der Phantasie ein Bild der Person am anderen Ende der Leitung. Und das wird durch die Stimme vermittelt, durch die Art zu sprechen. Manche Männer blühen am Telefon regelrecht auf. Sie plaudern charmant, weil sie sich unbeobachtet und dadurch weniger gehemmt fühlen. Andere wiederum werden hölzern und einsilbig, solange sie ihrer Gesprächspartnerin nicht in die Augen schauen können.

In jedem Fall ist das, was man hört, nur die halbe Wahrheit. Die Wirkung ist ähnlich, als ob wir ein Buch gelesen haben und uns später den Film dazu anschauen. Die Enttäuschung kann grenzenlos sein, weil die Phantasie beim Lesen so positive Vorstellungen geweckt hat. Ist der Anrufer dagegen keine »Telefonschönheit«, geht man mit negativen Erwartungen hin, die schwer zu revidieren sind. Das gleiche gilt natürlich auch für das Bild, daß sich der andere von Ihnen macht. Damit sich für Sie beide gar nicht erst ein Vorurteil verfestigt, nutzen Sie das Telefongespräch möglichst nur, um allgemeine Informationen zu vermitteln und sich zu verabreden. Sparen Sie sich den intensiven Austausch für das Treffen auf.

Die folgenden Hinweise sollten Sie auch dann lesen, wenn Sie sich nicht für eine Kontaktanzeige interessieren. Sie gelten für jedes erste Treffen mit einem Ihnen noch ziemlich unbekannten Mann. Die Regeln der Annäherung sind im Prinzip genau die gleichen:

Sie verabreden sich

Verabreden Sie sich, wo Sie wollen – nur nicht zu Hause. Wählen Sie als Treffpunkt neutrales Terrain. Schließlich laden Sie ja auch sonst nicht jeden x-beliebigen Mann zu sich ein oder gehen in seine Wohnung. Etwas Vorsicht ist immer angebracht, und außerdem kann ein Start daheim schneller intim werden, als Ihnen lieb ist.

Falls er seine Stammkneipe oder sein Lieblingsrestaurant vorschlägt, lernen Sie zwar seinen Geschmack kennen, befinden sich aber im fremden Revier. Das verunsichert.

Sie können natürlich Ihrerseits ein Lokal wählen, in dem Sie häufig sind und sich wohl fühlen. Das hat jedoch unter Umständen den Nachteil, daß Sie ihm vielleicht demnächst dort auch dann begegnen, wenn Sie es nicht mehr wollen.

Beides können Sie vermeiden, wenn Sie von vornherein ein angenehmes, auf halber Strecke zwischen beiden Wohnungen liegendes Café, ein Restaurant oder eine Kneipe vorschlagen. Am besten testen Sie es vorher schon einmal.

Noch besser: Verabreden Sie sich zu einer Veranstaltung. Nichts ist peinlicher, als sich gegenüberzusitzen und fieberhaft nach einem interessanten Thema zu suchen. Wenn Sie sich statt dessen zum Kino, Konzert, Theater oder zu einer Ausstellung treffen, lernen Sie sich wesentlich zwangloser kennen. Sie erhalten genügend Gesprächsstoff und erfahren ganz nebenbei, welche Weltanschauung, Vorliebe oder Meinung Ihr Begleiter hat.

Sie bereiten sich auf ein Treffen vor

Bei der Wahl des Outfits spielt häufig der Gedanke »Er soll mich bloß nicht für ein Mauerblümchen halten, weil ich einen Mann per Anzeige suche« unbewußt eine Rolle. Er verleitet dazu, zuviel des Guten zu tun. Ein aufwendiges Make-up und eine kunstvoll gestylte Frisur, teurer Schmuck und Edelklamotten, die man normalerweise nur für besondere Anlässe im Schrank hängen hat, schrekken Männer meist eher ab, als daß sie anziehend wirken. Vorsicht auch vor intensiven Signalen: Extravagante Schuhe, schwarze Lederjacke, tiefes Dekolleté oder Minirock sind beim ersten Rendezvous ziemlich provokant. Andererseits ist es nur die Kehrseite der Medaille, wenn Sie sich nach dem pseudo-coolen Motto »Ist mir doch alles nicht so wichtig« nachlässig kleiden.

Das erste Treffen

Noch wissen Sie nicht, ob Ihre Begegnung interessant oder öde verlaufen wird. Deshalb sollten Sie vorbeugen. Geben Sie die Zeit vor. Wenn Sie erst nach einer Stunde verkrampften Small talks plötzlich eine wichtige Verabredung vorschieben, ist das allzu durchsichtig und kränkend. Andererseits müssen Sie natürlich nicht stundenlang gequält ausharren, nur um Ihr Gegenüber nicht zu verletzen. Davor können Sie sich schützen, indem Sie von vornherein ankündigen: »Ich habe leider nachher noch einen Termin.« Es steht Ihnen ja frei, Ihren »Termin« später platzen zu lassen.

Selbst wenn Ihnen der Mann gefällt – halten Sie das erste Treffen kurz. Empfehlenswert ist es, im Lokal oder nach einer Veranstaltung höchstens zwei Stunden miteinander zu verbringen. Was darüber hinausgeht, ist entweder ermüdend, oder es entsteht eine Nähe, die zu diesem Zeitpunkt noch verfrüht ist.
Vermeiden Sie Alkohol. Vor lauter Aufregung trinkt man schnell ein Glas Wein zuviel. Möglicherweise verlieren Sie dadurch zwar Ihre Hemmungen, aber auch die Kontrolle. Sie geben dann vielleicht zuviel von sich preis oder lassen sich zu Dingen verführen, denen Sie mit klarem Kopf nicht zugestimmt hätten. Zudem wird Ihre kritische Wahrnehmung getrübt, so daß Ihnen manches Wissenswerte über Ihren »Kandidaten« entgeht.
Ein bewährteres Mittel gegen Lampenfieber und Prüfungsangst ist, zuzugeben, daß man aufgeregt oder blockiert ist. Sagen Sie offen, wie Ihnen zumute ist. Indem Sie Ihr Unbehagen in dieser speziellen Situation ansprechen, anstatt es krampfhaft zu kaschieren, werden Sie merken, wie sich die Lage entspannt.
Sagen Sie einfach: »Ich bin wahnsinnig aufgeregt. Geht es Ihnen auch so?« Sie können auch zugeben, daß Sie unsicher oder gehemmt sind, weil Sie bisher mit Annoncen-Treffs keine Erfahrung

haben. Tun Sie keinesfalls so, als hätten Sie es eigentlich gar nicht nötig, auf diesem Wege einen Partner zu finden, und könnten an jedem Finger zehn Männer haben, wenn Ihnen nur Ihr Job die Zeit ließe. Schwärmen Sie auch nicht von Ihrem wunderbaren großen Freundeskreis und den vielen interessanten Leuten, die Sie kennen. Geben Sie ruhig zu, daß Sie sich manchmal einsam fühlen. »Selektive Offenheit« nennen das die Psychologen. Es bedeutet, daß Sie mit Maßen mitteilen, was in Ihnen vorgeht.

Mit Ihrer Ehrlichkeit ermöglichen Sie es ihrem Gesprächspartner, seinerseits Gefühle zu zeigen. Gerade Männer glauben häufig, sie müßten in jeder Lebenslage sicher und souverän erscheinen.

Wählen Sie allgemeine Gesprächsthemen

Natürlich möchten Sie gerne soviel wie möglich über Ihren potentiellen Partner erfahren und auch etwas von sich mitteilen. Haben Sie trotzdem Geduld. Intensiver Austausch ist eine Frage des Vertrauens. Das muß erst einmal wachsen. Deshalb gilt es, behutsam vorzugehen. Tabu sein sollten beim ersten Treffen Themen wie Familiendramen, allzu persönliche Schwächen, dunkle Punkte in der Vergangenheit, sexuelle Vorlieben oder die eigene Finanzlage.

Denken Sie beim Erzählen daran: Unter Umständen sehen Sie diesen Mann kein zweites Mal. Möchten Sie dann, daß er so viel von Ihnen weiß?

Falls Ihr Gesprächspartner in diesem Punkt wenig Gespür hat, selbst zu viel preisgeben will oder Sie ausfragt, wechseln Sie geschickt das Thema. Notfalls sagen Sie deutlich: »Verzeihen Sie, ich finde, wir kennen uns noch nicht gut genug, um darüber zu sprechen.« Das heißt nicht, daß Sie nur oberflächliches Blabla von sich geben sollen. Auch beim Austausch über Reisen, Einrichtung, Hobbys, Lebensgewohnheiten kann man sich näher kommen.

Wird man sich wiedersehen?

Wie man sich nach dem ersten Treffen verabschiedet, hängt von den unterschiedlichen Voraussetzungen ab: Wenn Sie beide einander gefallen, machen Sie einen festen Termin aus. Das Gespräch war angenehm, vielleicht ist sogar der berühmte Funke übergesprungen. Sie sind sich ziemlich sicher, daß er ebenfalls an einer weiteren Begegnung interessiert ist. Dann spielt es keine Rolle, wer ein neues Treffen vorschlägt. Wichtig ist jedoch, jetzt schon einen festen Termin zu vereinbaren. Sie ersparen sich dadurch Unruhe oder Warten bis zum nächsten Telefonanruf. Eine vorläufige Planung läßt sich ja später notfalls verschieben.

Es kann auch sein, daß er Ihnen zwar gefällt, aber Sie vermuten, daß Sie nicht sein Typ sind. Sie brauchen aus Ihrem Herzen keine Mördergrube zu machen. Sprechen Sie von sich aus ein neues Treffen an, indem Sie etwa sagen: »Mir hat unser Zusammensein gut gefallen, und ich fände es nett, wenn wir es bald einmal wiederholen.« Achten Sie dabei auf seine Körpersprache und Mimik. Lächelt er offen? Schaut er Ihnen in die Augen? Oder blickt er zur Seite, reibt sich verlegen die Nase oder fummelt nervös an seinem Schal herum? Im letzteren Falle sendet er Signale des Unbehagens. Er fühlt sich in die Enge gedrängt.
Hören Sie bitte auch genau hin, wie er verbal auf Ihren Vorschlag reagiert. Sagt er ausweichend: »Ich melde mich wieder« oder »Wir telefonieren«, lassen Sie sich damit nicht abspeisen. Haken Sie nach: »Ich bin meist schwer zu erreichen. Wann genau kann ich mit Ihrem Anruf rechnen?« Wenn daraufhin immer noch keine präzise Antwort kommt, sollten Sie das Ganze am besten vergessen. Interesse kann man leider nicht erzwingen.

Schließlich gibt es noch die dritte Möglichkeit, daß er Sie unbedingt wiedersehen möchte, Sie aber daran nicht mehr interessiert sind. Wenn Sie sicher sind, daß Sie ihm keine zweite Chance geben wollen, begehen Sie nicht den Fehler, sich aus Mitleid zu einem weiteren Anruf oder Treffen überreden zu lassen. Damit tun Sie

weder sich noch dem anderen etwas Gutes, sondern vertagen lediglich die Abfuhr. Klären Sie die Situation lieber an Ort und Stelle. Am wenigsten kränkend ist es, wenn Sie auf Kritik verzichten und von sich selbst ausgehen, z. B.: »Ich glaube, ich bin doch zu selbständig, um mich auf die Dauer einem Mann anzupassen. Von daher hat ein weiteres Treffen keinen Sinn für mich.«
Lassen Sie sich danach auf keine weitere Diskussion ein. Sie brauchen sich nicht zu rechtfertigen. Falls er hartnäckig versucht, Sie umzustimmen (»Wenn Sie mich erst mal näher kennenlernen ...«, »Sie sollten uns beiden wirklich eine Chance geben ...«), benutzen Sie die rhetorische Technik der »Schallplatte mit Sprung«: Anstatt auf seine Einwände zu reagieren, wiederholen Sie in Varianten immer wieder Ihre ursprüngliche Aussage, z. B.: »Ich verstehe Ihren Wunsch durchaus, aber ich möchte es bei diesem Treffen belassen.« Erfahrungsgemäß gibt auch der hartnäckigste Verehrer spätestens beim dritten Versuch dieser Art auf.

Wie geht es weiter?

Sie haben nach der ersten Verabredung den Eindruck, das könnte etwas werden. Von jetzt an sollte sich die Beziehung genauso langsam und organisch entwickeln, als ob Sie beide sich zufällig bei einer Freundin begegnet wären. In Gesprächen und gemeinsamen Unternehmungen werden Sie ihn nach und nach besser kennenlernen.
Wann Erotik mit ins Spiel kommt, bestimmen Sie natürlich selbst. Klug ist es allerdings, den Zeitpunkt nicht zu früh zu setzen. So finden Sie am besten heraus, ob er wirklich an Ihnen als ganzer Person oder nur an einer Affäre interessiert ist.

177

Enttäuschende Begegnungen:
Verlieren Sie Ihr Selbstbewußtsein nicht!

Vielleicht werden Sie, wie viele Frauen, erst mal die Erfahrung machen, daß die Frösche zahlreicher sind als die Prinzen. Es ist nur allzu verständlich, wenn wir nach einigen Fehlschlägen deprimiert sind oder an der eigenen Anziehungskraft zweifeln.

Die Schlußfolgerung: »Ich bin bestimmt nicht attraktiv genug – sonst hätte doch wenigstens einer dauerhaftes Interesse gezeigt ...« ist eine Denk-Falle, in die Sie nicht tappen sollten. Für Ablehnung gibt es viele verschiedene Gründe. Picken Sie sich nicht ausgerechnet den heraus, der Sie kleinmacht. Sagen Sie sich lieber: »Ich war nicht sein Typ. Das hat aber nichts mit meinem Wert zu tun.«

Lassen Sie sich durch Mißerfolge nicht entmutigen. Sie nehmen ja auch nicht den erstbesten Job, den man Ihnen anbietet. Bei der Suche nach dem richtigen Partner gilt es ebenso, einen kühlen Kopf zu behalten. Ein Trick, die einzelne Verabredung von vornherein nicht zu wichtig zu nehmen, ist, sich möglichst rasch hintereinander mit den Männern zu treffen, deren Anzeigen oder Antworten Ihnen zusagen. Auf diese Weise verliert die einzelne Begegnung ihre besondere Bedeutung. Ähnlich wie bei zahlreichen Vorstellungsgesprächen im Beruf werden Sie durch Wiederholung immer sicherer.

Vor allen Dingen sollten Sie positiv denken. Wenn Sie stöhnen: »Es ist wirklich schrecklich, daß ich völlig umsonst alle diese gräßlichen Kerle getroffen habe«, ziehen Sie sich herunter. Wenn Sie sich statt dessen sagen: »Der Richtige war zwar noch nicht dabei, aber es hat meine Lebenserfahrung erweitert, diese Männer kennenzulernen«, dann werden Sie sich wesentlich besser fühlen.

Susan Page zitiert eine Freundin, die nach zahlreichen erfolglosen Treffen dennoch zufrieden sagte: »Seit meiner Studentenzeit bin ich nicht mehr mit so vielen verschiedenen Männern ausgegangen.« So kann man es auch sehen!

Sechster Schritt
Die richtige Wahl treffen

Den falschen Mann vermeiden

»Kind, laß die Finger davon, der ist nichts für dich« warnte meine Mutter, als ich den ersten harmlosen Flirt mit einem wilden Nachbarsjungen begann. Meine Eltern hatten in den folgenden Jahren noch reichlich Gelegenheit, über meine jeweilige Partnerwahl den Kopf zu schütteln. Im nachhinein kann ich das sogar verstehen. Sicher wäre ich weder mit einem Pflastermaler noch mit einem indischen Schmuckhändler auf die Dauer glücklich geworden.

Immerhin ist es als Jugendliche unser besonderes Vorrecht, Extreme auszuleben. Heute, wo wir reifer und erwachsener sind, ist die Männer-Auswahl nicht mehr so unbeschwert. Inzwischen weiß ich aus eigener Erfahrung und der vieler anderer Frauen, daß ein Mann nicht bloß deshalb automatisch für uns gut ist, weil wir uns in ihn verliebt haben. »Liebe ist nicht genug«, sagt Aaron Beck, Paarberater aus den USA, und er hat leider recht! Außer unserem Herzen muß unser Kopf mitentscheiden, wenn die Beziehung tragfähig sein soll. Dazu sind vor allem zwei Gesichtspunkte wichtig:

- Wir müssen den falschen Mann vermeiden.
- Wir müssen so genau wie möglich wissen, wie der Richtige für uns aussehen soll.

Obwohl wir meist längst wissen, wieviel Energie es kostet, mit einem Mann zusammenzuleben, der uns nicht guttut, kann es uns in verschiedenen Varianten doch immer wieder passieren. Deshalb möchte ich Ihren Blick dafür schärfen, um welche Art Mann Sie einen großen Bogen machen sollten.

Wir Frauen übernehmen viel zu schnell die gewünschte Rolle und pumpen unsere Kraft in ein Faß ohne Boden. Dabei vergeuden wir kostbare Zeit unseres Lebens und vor allem unser Glück. Je genauer wir wissen, welcher Typ Mann uns das Leben eher schwer als schön macht, desto weniger fallen wir in Zukunft im Namen der Liebe auf ihn herein.

Auch der richtige Mann kann der Falsche sein

Es ist kein Zufall, kein böses Schicksal und auch nicht von Gott gewollt, wenn wir an einen Mann geraten, der uns nicht glücklich macht. Ob wir es nun akzeptieren oder nicht – irgend etwas in uns paßt zu ihm wie der Schlüssel zum Schloß.

So ging es Karen. Als Kind hatte Karen sehr unter ihrem autoritären Vater gelitten. Unter seinen strengen Augen konnte sie nichts richtig machen. Noch als Erwachsene hatte sie Angst davor, Verantwortung zu übernehmen, und fürchtete sich, zu versagen, sobald sie selbst die Initiative ergriff.

Auf einem Betriebsfest lernte Karen Jörg kennen. Er war der älteste von drei Geschwistern. Seine Eltern spannten ihn schon früh als Aufpasser für die beiden Kleinen ein. Falls er seine Aufgabe gut machte, wurde er gelobt. Ansonsten erlebte er selten, daß er besonders beachtet oder beschützt wurde. Kein Wunder, daß Jörg verinnerlicht hatte, daß man ihn nur schätzte und liebte, solange er sich um andere kümmerte. Er hatte Probleme damit, die Kontrolle abzugeben, denn das bedeutete für ihn, verletzbar und machtlos zu sein. Lieber übernahm er die Initiative und war aktiv.

Karen und Jörg flogen förmlich aufeinander. Sie war hingerissen von seiner Fürsorglichkeit, er war fasziniert von ihrer zurückhaltenden Art. Es war Liebe auf den ersten Blick – und doch steckte dahinter eine psychische Dynamik: Beide ergänzten einander, indem einer dem anderen genau die Rolle überschrieb, vor der er sich selbst fürchtete. Jörg vermied es, seine hilflose, anlehnungsbedürftige Seite auszuleben – das tat Karen für ihn –, und Karen umging das Risiko, zu versagen, weil Jörg ihr die meisten Schwierigkeiten abnahm.

In der Psychotherapie spricht man in einem solchen Fall von Abwehrverhalten. Die Partner brauchen einander, um nicht das entwickeln zu müssen, wovor sie jeweils Angst haben. Oft macht das zum wesentlichen Teil die Anziehungskraft zwischen zwei Menschen aus.

Für eine Weile funktioniert diese seelische Arbeitsteilung. Im längeren Zusammenleben aber scheitert sie meist, weil sich Persönlichkeitsanteile nicht einfach abspalten und einem anderen übertragen lassen. Über kurz oder lang drängen sie danach, daß wir sie in uns selbst entwickeln. Tatsächlich dauerte es nicht lange, bis sich Karen von Jörg bevormundet fühlte und Jörg von Karens Passivität enttäuscht war. Beide hatten offenbar die falsche Wahl getroffen.

Karen hat eben nicht nur Pech gehabt, daß sie an Jörg geraten ist, sondern sie und Jörg haben sich gesucht und gefunden. So etwas passiert übrigens in Minutenschnelle. Unsere Körpersprache, unsere Worte, unsere gesamte Ausstrahlung vermitteln bereits während der ersten Begegnung unterschwellig, ob wir füreinander passend sind. Dennoch kann die Wahl auf Dauer falsch sein, weil der andere im Grunde nicht mehr als eine Stütze für eine unentwickelte Eigenschaft in uns selbst ist.

Falls Sie bisher das Gefühl hatten, falsch zu wählen, schauen Sie sich doch einmal an, in welchem Punkt Ihr jeweiliger Partner in diesem Sinne für Sie zunächst genau der Richtige war oder ist. Wo haben Sie beide sich auf seelischer Ebene hervorragend ergänzt, auch wenn es Ihnen letztlich nicht gut bekommen ist?

Die folgende Checkliste kann Ihnen dazu einige Hinweise geben:

◆ Gibt es Ihnen innere Sicherheit, daß er von Ihnen abhängig ist (vielleicht weil Sie ihn emotional oder finanziell unterstützen)?
◆ Fühlen Sie sich überlegen, weil Sie in bestimmten Eigenschaften besser sind als er (z. B. weil Sie selbstbewußter sind oder keinen Alkohol trinken)?
◆ Verleiht Ihnen Ihre Aufgabe als Helferin eine ganz besondere Bedeutung?

- Ist Ihnen die Rolle, die Sie in der Beziehung spielen, von früher vertraut?
- Glauben Sie tief in Ihrem Innern, Sie hätten keinen Besseren verdient?
- Lebt dieser Mann etwas für Sie aus, was Sie sich nicht gestatten (Abenteuer, Spontaneität, Stärke, Schwäche)?

Der Schweizer Psychoanalytiker Jürg Willi hat vier klassische Kombinationen zusammengestellt, in denen sich Männer und Frauen magnetisch anziehen:
- Er steht narzistisch im Mittelpunkt, sie bewundert ihn und tut alles für ihn.
- Er erscheint kalt, gefühlsarm oder hilflos, sie gleicht das mit mütterlicher Wärme aus.
- Er verhält sich als Herrscher (Macho, Pascha), sie paßt sich an und unterdrückt ihre eigenen Wünsche.
- Er zeigt sich passiv, sie aktiv.

(Natürlich gelten die genannten Kombinationen genauso umgekehrt.)

Mit diesen psychologischen Fakten möchte ich keineswegs Ihre Vorstellung von romantischer Liebe entzaubern. Mir geht es darum, Ihre Aufmerksamkeit zu wecken. Wenn Sie wissen, welche Tücke die Regel »Gegensätze ziehen sich an« haben kann, gelingt es Ihnen eventuell besser, solche Kombinationen zu vermeiden. Sie werden dann vielleicht lieber daran arbeiten, bestimmte Eigenschaften selbst zu entwickeln, und sich einen »ganzen« Partner suchen.

Wo für Sie rote Warnlämpchen angehen sollten

Wenn wir verliebt sind, übersehen wir gerne negative Eigenschaften oder verharmlosen sie. Nach dem Motto »Liebe überwindet alle Hindernisse« fühlen wir uns stark genug, damit fertig zu werden. Vielleicht gelingt es uns am Anfang sogar. Was wir jedoch

nicht berücksichtigen, ist, daß die Zeit die Last trägt. Bei manchen Schwächen unseres Partners kann es sich um eine Art emotionale Zeitbombe handeln, mit der wir auf die Dauer nicht fertig werden. Ich möchte Sie deshalb vor allem auf die Probleme aufmerksam machen, die erfahrungsgemäß besonders schwer zu bewältigen sind.
Schauen Sie sich die folgende Palette problematischer Verbindungen gründlich an. Ich bin sicher, daß Sie genau an der für Sie passenden Stelle ein Aha-Erlebnis haben werden. Dann sollten Sie Ihre Gefühle ernst nehmen und daraus die Konsequenzen ziehen.

Die Unterschiede sind zu groß

Es *kann* durchaus gut gehen, wenn er zum Beispiel wesentlich älter ist oder aus einfacheren Verhältnissen stammt als Sie. Allerdings steckt darin möglicherweise auch der Keim für zukünftige Konflikte. Psychologen haben nachgewiesen, daß Beziehungen dann besonders haltbar sind, wenn sie auf gleichen äußeren Bedingungen beruhen. Ähnlichkeiten in Milieu, Bildung, Weltanschauung, Alter und Attraktivität bilden ein solides Fundament für eine gute Partnerschaft. Große Unterschiede auf diesen Gebieten lassen sich zwar überwinden, enthalten jedoch ein ständiges Krisenpotential. Von daher sollten wir aus Rebellion gegen eine spießige Gesellschaft oder in blinder Verliebtheit Differenzen nicht ignorieren. Um sich richtig zu entscheiden, hilft oft die Frage: »Kann ich die nächsten zehn Jahre unter diesen Bedingungen leben?«

Er ist süchtig

Der Übergang von einer schlechten Angewohnheit zur Sucht ist fließend. Deshalb ist es notwendig, daß wir uns von Anfang an nicht selbst belügen und uns auch nichts vormachen lassen. Wenn Ihnen auffällt, daß er abends immer einige Bierchen braucht, um zu entspannen, wischen Sie das nicht einfach vom Tisch, indem Sie sagen: »Sein Job ist ziemlich stressig, und außerdem trinkt er keine harten Sachen.« Gestehen Sie sich ein, daß er bereits ein Alkoholproblem hat.

Martina jedenfalls würde davor nie wieder die Augen verschließen. Drei Jahre lang hat sie mit aller Liebe, Geduld und Unterstützung versucht, einen Quartalssäufer zu verändern. Sie hat es nicht geschafft. Während dieser Zeit durchlebte sie sämtliche Tiefen mit ihm, von dem leeren Versprechen, keinen Tropfen mehr anzurühren, bis hin zu peinlichen Szenen vor Freunden und Kollegen.

Liebe und Verständnis allein helfen einem Süchtigen nicht, egal ob es sich nun um Alkohol, Tabletten oder härteren Stoff handelt. Ehe Sie es sich versehen, werden Sie zur Co-Süchtigen, das heißt, Sie decken und schützen den Drogenkonsum und machen ihn dadurch weiterhin möglich. Ziehen Sie lieber vorher die Notbremse, und stellen Sie ein Ultimatum: »Entweder du suchst dir professionelle Hilfe – oder es ist aus mit uns.« Einen Süchtigen zu begleiten bedeutet Schwerstarbeit, und ohne fachliche Unterstützung ist eine Veränderung kaum möglich.

Er sieht leicht rot

Am Anfang flippt er vielleicht nur gelegentlich aus, weil ihm irgend etwas nicht paßt, was Sie sagen oder tun. Natürlich entschuldigt er sich später bei Ihnen und schiebt es auf die momentane Anspannung im Beruf. Sie verzeihen ihm: So was kann schließlich mal vorkommen. Doch je näher Sie sich kennen, um so mehr häufen sich seine unkontrollierten Ausbrüche. Insgesamt zeigt er wenig Geduld und explodiert schon bei Kleinigkeiten. Wenn Sie beide sich streiten, stürmt er aus dem Zimmer und knallt die Tür zu oder wirft den Hörer auf die Gabel. Sie wissen nie so genau, ob seine gute Stimmung nicht von einer Minute zur anderen in schlechte Laune umschlägt. Am Ende wird er sogar tätlich. Ist diese Hemmschwelle erst einmal überschritten, besteht die große Gefahr, daß so etwas immer häufiger geschieht. Hören Sie auf, sein Verhalten mit einer schlimmen Kindheit zu erklären oder sonstwie zu rechtfertigen.

Mißtrauen Sie seinen Entschuldigungen. Vermutlich hat er die besten Absichten, sich zu ändern, doch ohne therapeutische Hilfe rastet er bei nächster Gelegenheit garantiert wieder aus. Meist liegt eine tiefere psychische Störung vor oder zumindest eine derzeitige Unfähigkeit, sich mit anderen Mitteln auseinanderzusetzen. Selten ist es eine Frage des Willens, daran etwas zu ändern. Die Ursachen müssen therapeutisch aufgearbeitet, ein anderes Verhalten muß erlernt werden.

Er hat sexuelle Probleme

Natürlich muß es im Bett nicht gleich zu Anfang ein berauschendes Erlebnis sein. Schließlich kennen Sie gegenseitig Ihre sexuellen Vorlieben und Abneigungen noch kaum. Es braucht meist eine gewisse Zeit, um ein harmonisches Liebesleben zu entwickeln. Das ist ganz normal und kein Grund zur Besorgnis.

Anders verhält es sich, wenn Sie sich mit Ihrem Partner auf diesem Gebiet von vornherein deutlich unwohl fühlen und den Eindruck haben, daß da etwas nicht stimmt. Es kann zum Beispiel ein Hinweis auf sexuelle Probleme sein, wenn Sie mit ihm eine der folgenden Erfahrungen machen:

- Er vermittelt Ihnen ständig, daß Sie seinen Erwartungen nicht genügen.
- Sie fühlen sich sexuell eher benutzt und manipuliert als geliebt.
- Ihr Partner respektiert Ihre Gefühle nicht und geht einfach darüber hinweg.
- Er kann Sie nur lieben, wenn er sich vorher künstlich anregt, etwa mit Pornografie.
- Er begehrt Sie nur, wenn Sie bestimmte Dinge tragen, z.B. Reizwäsche oder Leder.
- Er ist impotent.
- Er zeigt Neigungen in Richtung Sadismus oder Masochismus.
- Er will im Bett Macht ausüben oder demütigt Sie in irgendeiner Form.

■ Sie haben den Eindruck, daß Sie für ihn als Frau austauschbar sind.

Denken Sie in solchen Fällen nicht zu optimistisch: »Wir verstehen uns sonst so gut – das mit dem Sex kriegen wir auch noch hin!« Schwierigkeiten im sexuellen Bereich sind erfahrungsgemäß tiefgreifend mit der Persönlichkeit verbunden. Zudem ist die körperliche Liebe ein Gebiet, auf dem wir besonders verletzbar sind. Es geht uns an die Substanz, wenn wir hier gekränkt oder abgewertet werden. Erst vor kurzem erhielt ich den verzweifelten Brief einer Frau, die darunter litt, daß ihr Mann regelmäßig Porno-Hefte las. Er spielte das als völlig normal herunter und bezeichnete ihre Reaktionen als übertrieben und verklemmt. Tatsache ist, daß auf diese Weise eine Beziehung zerstört werden kann, weil wir uns verletzt und benutzt fühlen.

Jede Frau sollte es sich überlegen, ob sie sexuelle Probleme wirklich ertragen will. Eine gute Partnerschaft umfaßt die Harmonie von Körper und Seele. Wenn eins von beiden fehlt, ist das ein großes Risiko nicht nur für die Beziehung, sondern auch für das eigene Selbstwertgefühl.

Er ist noch nicht erwachsen

Wohlgemerkt, hierbei geht es nicht um einen Mann, der kindlich und spontan sein kann, ansonsten aber sein Leben gut im Griff hat. Gemeint ist vielmehr einer, der sich weigert, Verantwortung für sich und die Partnerschaft zu übernehmen. Ob Sie es mit einem unreifen Partner zu tun haben, merken Sie daran, wie stark Sie sich von ihm in die Mutterrolle gedrängt fühlen. Müssen Sie ihn ernähren, versorgen, seelisch aufbauen? Sind Sie oft ärgerlich, weil er Sie hängenläßt, nicht zu Ihnen steht oder Ihnen die ganze Beziehungsarbeit aufbürdet? Dann sind Sie vermutlich auf jemanden mit »Peter-Pan-Syndrom« gestoßen, der Sie zwar als fürsorgliche, aber nicht als gleichberechtigte Partnerin einsetzt. Solche Unreife kann sich auf verschiedenen Gebieten zeigen:

■ Er ist finanziell unselbständig.
Sein Konto ist meist überzogen, er macht Schulden, leiht sich Geld von Ihnen oder Freunden. Im großen und ganzen lebt er auf Ihre oder anderer Leute Kosten. Er findet immer wieder eine Ausrede, um sich keine geregelte Arbeit suchen zu müssen.

■ Sie können sich nicht auf ihn verlassen.
Oft kommt er bedeutend zu spät, ohne Ihnen wenigstens Bescheid zu sagen. Er hält seine Versprechen nicht. Wichtige Termine vergißt er einfach. Er sagt zu, etwas zu besorgen, und denkt dann nicht mehr daran.

■ Er interessiert sich für andere Frauen.
Er sagt, er liebt Sie, doch sogar wenn Sie dabei sind, dreht er sich nach jedem weiblichen Wesen um. Er flirtet auf Teufel komm raus und muß sich dauernd beweisen, wie viele Chancen er noch hat. Eventuell geht er fremd.

■ Er ist ein Muttersöhnchen.
Vermutlich ist er sonst ein ganzer Mann, selbstbewußt, entschlossen und tüchtig im Beruf. Nur seine Mutter ist sein schwacher Punkt. Mehrmals in der Woche telefonieren die beiden miteinander. Selbstverständlich verbringt er die meisten Wochenenden mit ihr. Wenn Mama ihn braucht, stellt er die eigenen Pläne zurück. Falls er doch mal gegen den mütterlichen Einfluß rebelliert, plagen ihn danach heftige Schuldgefühle. Er glaubt, ihr besonders dankbar sein zu müssen, oder hat sich innerlich verpflichtet, ihre Einsamkeit zu lindern. Egal wie groß die Liebe zu seiner Freundin oder Frau ist – sie kommt an zweiter Stelle.

Er ist eifersüchtig

Ein bißchen Eifersucht ist das Salz in der Suppe der Liebe, sagt das Sprichwort. Wenn wir ehrlich sind, ist wohl keiner von uns ganz frei von diesem Gefühl. Das würde letztlich ja auch für ein Desinteresse am Partner sprechen. Doch übertriebene Eifersucht kann zur Qual für alle Beteiligten werden.

»Du gehörst mir!« sagte Alissas neuer Freund zu ihr. Alissa fühlte sich geschmeichelt und hielt diese Worte für pure Leidenschaft. Daß sie ernst gemeint waren, erfuhr sie schon wenig später: Sie durfte keinen Schritt mehr ohne ihn machen. Sobald sie sich mit einer Freundin verabredete, schmollte er: »Und ich?« Als sie harmlos bemerkte, daß ihr das männliche Model einer Rasierwasser-Werbung gut gefiel, war er tödlich beleidigt. Kam sie mal zu spät von der Arbeit, argwöhnte er gleich, sie habe ein Verhältnis mit einem Kollegen. Am Ende fühlte sich Alissa regelrecht gefangen.

Wenn Sie feststellen, daß Sie zu sehr kontrolliert werden, sollten Sie klare Grenzen ziehen. Machen Sie auch in der ersten Verliebtheit keine Zugeständnisse, die Sie später einengen. Was Sie einmal durchgehen lassen, wird oft schnell zur Regel, von der es keine Ausnahme mehr gibt.

Er hängt noch an seiner Verflossenen

Liegt die Trennung noch nicht lange zurück, kann es sein, daß Sie nur als Seelentrösterin fungieren. Gerda zum Beispiel hatte einen Mann kennengelernt, dessen Scheidung erst ein halbes Jahr zurück lag. Sie war sehr verliebt in ihn und freute sich auf den ersten gemeinsamen Wochenendtrip. Die beiden wollten von München aus nach Mailand fahren und danach noch einen Tag an der italienischen Küste verbringen. Was Gerda nicht ahnte, war, daß sie dabei auf den Spuren ihrer Vorgängerin wandelte. Ihr neuer Freund hatte haargenau die Route gewählt, die er häufig mit seiner Frau gefahren war. Während der ganzen Autofahrt erzählte er Gerda sehnsüchtig von den früheren Zeiten. An den Orten der Erinnerung wurde er regelrecht melancholisch. Offenbar hatte er sich innerlich noch längst nicht von seiner Ex-Frau abgenabelt.

Seelentrösterin zu sein kann unser Selbstbewußtsein ziemlich anknacksen. Außerdem besteht die Gefahr, daß Ihr Partner sich abwendet, sobald Sie Ihre Aufgabe erfüllt haben und es ihm wieder gutgeht. Achten Sie deshalb rechtzeitig darauf, ob der Mann, der Sie interessiert, auch innerlich solo ist. Hängen die Fotos der Verflossenen noch in seiner Wohnung, hütet er Gegenstände, die ihr gehört haben, wie Reliquien, spricht er häufig von ihr? Möchte er, daß Sie sich ähnlich verhalten oder kleiden? Dann ist sein Herz vermutlich noch von Ihrer Vorgängerin besetzt.

Seine Kinder akzeptieren Sie nicht

Falls Sie einen Mann mit Kind(ern) kennenlernen, ist das Zusammensein von vornherein etwas komplizierter. Unerwartet sind Sie an eine halbe Familie geraten, deren Vertrauen Sie erst einmal gewinnen müssen. Verständlich, daß das seine Zeit braucht. Gelingt es Ihnen jedoch nach einigen Monaten immer noch nicht, sich Ihren Platz zu erobern, sollten Sie vorsichtig sein. Kinder haben häufig die Vorstellung, daß die neue Freundin des Vaters schuld daran ist, daß er mit ihrer Mutter nicht wieder zusammenkommt. Sie sind dann unglaublich erfindungsreich und hartnäckig darin, die Beziehung auseinanderzubringen.

Die Autorin Gabriele Flessenkemper beschreibt, wie es ein fünfjähriger Knirps geschafft hat, seinen geschiedenen Vater davon abzuhalten, eine Liebesbeziehung anzufangen, indem er schmollte und permanent störte, sobald die beiden zärtlich miteinander wurden. Teenager können noch viel rigoroser vorgehen. Eine Freundin von mir ergriff schließlich die Flucht, weil der halbwüchsige Sohn ihres Bekannten darauf bestand, daß Papa ihn an jedem Wochenende begleitete, wenn er mit seiner Mannschaft Handball spielte.

Wenn Sie merken, daß Ihr Partner nicht wirklich hinter Ihnen steht und er seinem Nachwuchs keine Grenzen setzt, sollten Sie sich das Ganze noch mal überlegen. Blut ist letztlich dicker als Wasser. Im Zweifelsfall wird er sich wahrscheinlich gegen Sie und für seine Kinder entscheiden.

Er ist ein »Übergangsmann«

»Nimm Dir Zeit, nicht gleich den Nächsten« lautet der Titel eines Ratgeber-Buches. Leider halten wir uns nicht immer daran. Es ist wirklich oft reichlich schwer, längere Zeit allein zu sein. Vielleicht sehnen wir uns nach Zärtlichkeit, nach Zuspruch oder brauchen eine Schulter zum Anlehnen. Es kann auch sein, daß wir unser lädiertes Selbstbewußtsein wieder aufpäppeln müssen oder nicht ohne Sexualität leben wollen.

In dieser Situation tut es uns gut, einen Mann zur Seite zu haben, der das richtige Pflaster auf unseren wunden Punkt legt und unseren derzeitigen Mangel ausgleicht. Solange wir uns dessen bewußt sind und ihm keine falschen Hoffnungen auf eine dauerhafte Verbindung machen, ist nichts dagegen einzuwenden.

Problematisch wird ein »Übergangsmann« erst, wenn wir übersehen, daß er für uns nur eine bestimmte Funktion erfüllt. Dann erwarten wir einfach zuviel von ihm. Spätestens wenn wir emotional oder körperlich »gesättigt« sind, wird uns das Defizit deutlich vor Augen treten.

Ein erwachsener Mann ändert sich nicht

Männer, die eines der genannten Handicaps haben, können abgesehen davon ausgesprochen liebenswert sein. Das macht es ja gerade so schwer, sich nur aus Vernunftsgründen von ihnen zu trennen. Dennoch sollten Sie es sich wirklich gut überlegen, ob Sie diese Verbindung eingehen wollen. Ich möchte noch einmal betonen, daß Liebe allein wenig nützt. Einen erwachsenen Mann werden Sie kaum grundlegend verändern. Das muß er schon selber wollen – und ohne Leidensdruck besteht für ihn gar kein Grund. Zudem benötigt er bei einigen der genannten Problemen fachliche Hilfe, und damit tun sich Männer erfahrungsgemäß besonders schwer.

Von einem Kollegen habe ich mal den guten Satz gehört: »Verlieben Sie sich nicht in ein Potential.« Was nutzt es Ihnen, wenn er die besten Anlagen hat, liebevoll, erfolgreich oder ein guter Vater zu sein, sie aber nicht auslebt? Wollen Sie einen Schatz, oder wollen Sie sich jahrelang auf Verdacht als Schatzgräberin betätigen? Wenn er seine Möglichkeiten bisher nicht entwickelt hat, ist das kein Zufall, sondern hat seine tieferen Gründe. Fragen Sie sich deshalb: »Kann ich ihn so annehmen, wie er jetzt ist?« Falls nicht, sollten Sie die Finger davon lassen.

Suchanzeige für den falschen Mann

Die bisher genannten »Problemfälle« sind schon nach kurzer Zeit recht deutlich zu erkennen. Doch nicht immer gibt es so klare Warnzeichen dafür, daß uns ein Mann schadet. Oft erkennen wir das erst aus einer gewissen Distanz, weil wir in dieser Beziehung einen blinden Fleck haben.

Ein ebenso humorvolles wie wirkungsvolles Hilfsmittel, mehr Abstand zu gewinnen, bietet die amerikanische Paarberaterin Barbara de Angelis an. Sie schlägt vor, eine Suchanzeige für negative Eigenschaften zu formulieren, um zu erfahren, für welche Schwächen wir anfällig sind. Etwa so:

»Haustyrann für ernsthafte Bindung gesucht. Er sollte gut manipulieren können und ein Experte darin sein, mir Schuldgefühle zu machen. Je mehr Sie mich verschrecken, um so besser gefällt es mir. Männer, die sich nach meinen Bedürfnissen richten, haben keine Chance. Wutausbrüche sind ein zusätzliches Plus. Wenn Sie jemanden suchen, der Sie liebt, egal wie Sie sich verhalten, dann bin ich die Richtige für Sie.«

Oder: »Bequemer Typ gesucht, der die Zähne nicht auseinanderkriegt. Zeichensprache reicht völlig aus. Ich schätze einen Mann, der am liebsten auf der Couch liegt und die Sportschau sieht. Je langweiliger Sie sind, um so mehr Chancen haben Sie bei mir. Sie sollten außerdem nie zugeben, daß wir Pobleme haben. Sex völlig unwichtig.«

Als Vera, eine 36jährige Lehrerin, von der Möglichkeit einer solchen Suchanzeige hörte, machte sie gleich die Probe aufs Exempel. Vor einigen Wochen hatte sie einen Mann kennengelernt und war unsicher, ob er wohl der Richtige für sie sei. Ihr neuer Freund war Schauspieler an einem kleinen Theater und fühlte sich bereits als Star. Gespräche kreisten meist um seine Probleme, seine Interessen und Zukunftsaussichten. Vera fühlte sich mehr und mehr in die Rolle des Publikums gedrängt. Ihre Suchmeldung lautete: »Graue Maus sucht genialen Narziß. Anerkennung für meine Arbeit ist unnötig, da meine Tätigkeit spießig und unkreativ ist. Ich bin bereit, mich dir ganz zu widmen, wann immer du möchtest.« Als Vera das schwarz auf weiß las, verzichtete sie darauf, die Beziehung zu vertiefen.

Wenn Sie möchten, formulieren Sie doch selbst einmal eine Suchanzeige dieser Art. Auf diese Weise werden Sie deutlicher sehen, was Sie bei einem (neuen) Partner alles hinnehmen.

Es kann gut sein, daß Sie mit Hilfe dieser Übung eine der folgenden Eigenschaften deutlicher erkennen:

- Er ist ein Egozentriker. Alles muß sich um ihn drehen. Wichtig sind nur seine Tätigkeit, sein Tagesablauf, seine Pläne, seine Gefühle.
- Er will sich nicht binden. Entweder sagt er das gleich klipp und klar, oder er hält Sie mit immer neuen Zweifeln an der Partnerschaft hin.
- Er sieht sich als armes Opfer. Seine Kindheit, sein Chef, die Umstände, Sie, die Sterne oder ein ungerechtes Schicksal sind schuld, nur er nicht!
- Er muß alles unter Kontrolle haben. Sie müssen ihn z. B. von unterwegs anrufen, damit er immer weiß, wo Sie gerade sind. Wenn Sie etwas organisieren, muß er es immer noch mal überprüfen.
- Er ist geizig. Er besteht auf getrennten Kassen und rechnet auf Pfennige ab. Am schlimmsten ist, daß er sich nicht mal selbst etwas gönnt.
- Er behandelt Sie ohne Respekt. Etwa indem er Sie kleinmacht

und vor anderen kritisiert, Sie warten läßt oder herablassend mit Ihnen spricht.

- Er nimmt Ihre Gefühle nicht ernst. Statt dessen hält er mit Argumenten solange dagegen, bis Sie in Tränen ausbrechen oder einen Wutanfall kriegen. Auf jeden Fall setzt er Sie mit Logik ins Unrecht.
- Er vermittelt Ihnen, daß Sie nur die zweite Wahl sind. Entweder schwärmt er von seinen früheren Freundinnen oder mäkelt ständig an Ihrer Figur, Ihrer Bildung und Ihrer Intelligenz herum.

Wenn Sie erkennen, daß der Mann, mit dem Sie zusammen sind oder der Sie als potentieller Partner interessiert, solche oder andere negative Eigenschaften aufweist, können Sie natürlich versuchen, mit einem offenen Gespräch etwas daran zu ändern. Ich bin aber, ehrlich gesagt, nicht besonders optimistisch, was den Erfolg angeht. Sie werden sich vermutlich in fruchtlosem Kampf zermürben. Vielleicht ist es besser, Ihre Energie woanders sinnvoll einzusetzen.

Sagen Sie rechtzeitig nein

Sobald Sie für sich erkannt haben, daß Sie mit diesem Mann kaum glücklich werden, ist es an der Zeit, Konsequenzen zu ziehen. Das kann schon nach dem ersten Treffen der Fall sein, aber auch erst nach Monaten. Warten Sie jedenfalls nicht zu lange. Je weniger gemeinsame Geschichte Sie miteinander haben und je weniger gemeinsame Erinnerungen, um so leichter wird Ihnen eine Trennung fallen.

Es geht wohl keiner von uns locker über die Lippen, zu sagen, daß es aus ist. Wir Frauen neigen ohnehin viel mehr dazu als Männer, unser Wohlgefühl weniger wichtig zu nehmen als das eines anderen. Trotzdem führt kein Weg daran vorbei: Eine Verbindung, die nicht gut für Sie ist, sollten Sie beenden. Damit zeigen Sie letztlich auch vor Ihrem Partner mehr Respekt, denn unterschwellig spürt er ganz gewiß, daß Sie ihn nicht voll akzeptieren.

Bleiben Sie fair

Vermeiden Sie alles, was Ihr Gegenüber unnötig verletzen könnte. Ob Sie Ihr Nein genauer begründen wollen, das entscheiden *Sie selbst*. Handelt es sich um eine Begegnung, bei der noch keine große Nähe entstanden ist, müssen Sie an diesem Punkt nicht allzu ausführlich werden. Es reicht, wenn Sie ihm Ihre Entscheidung mitteilen. Um den Gesprächspartner nicht zu kränken, empfiehlt der amerikanische Psychologe Serge King die »Sandwich-Methode«: Die bittere Wahrheit wird zwischen zwei freundliche Aussagen gepackt. Allerdings sollte man sie dabei nicht so verstecken, daß unser Gegenüber den Entschluß nicht ernst nimmt.

196

Wenn es sich um eine Beziehung handelt, die schon seit längerer Zeit besteht, kann eine ehrliche Auseinandersetzung ein wertvolles Abschiedsgeschenk für den Partner sein. Wenn er weiß, was er falsch gemacht hat, hilft ihm das vielleicht, in Zukunft Fehler zu vermeiden. Ein nützlicher Hinweis für solche Gespräche stammt aus der Kommunikationspsychologie: Sinnvoller als Vorwürfe sind sogenannte »Ich-Botschaften«. Sagen Sie, was Ihnen nicht gepaßt hat und wie es Ihnen damit geht. Es bleibt Ihrem Gesprächspartner unbenommen, das anders zu sehen, aber niemand kann Ihnen das Recht auf Ihre Gefühle und Ihre Wünsche absprechen. Falls Sie Ihrem Gegenüber jedoch nicht zutrauen, Ihre Kritik zu verkraften, verzichten Sie lieber darauf.

Lassen Sie sich keine Schuldgefühle machen

Mitleid ist ein schlechter Ratgeber. Es verführt leicht dazu, sich zurückzunehmen, nur weil der Mann so sehr leidet. Für uns Frauen ist es typisch, für alles Verständnis zu haben und immer erst die Schuld bei uns zu suchen. Das ist jedoch eine denkbar schlechte Basis, um dem falschen Mann »Adieu« zu sagen.

An Ihrem Entschluß sollte sich auch dadurch nichts ändern, daß Sie sein Verhalten verstehen können. Daß ihn sein Vater geschlagen hat oder seine Mutter früh verstarb, ist zwar traurig, aber noch lange kein Grund für Sie, alles zu ertragen. Die Frage nach dem Warum führt hier nicht weiter.

Nehmen Sie den Satz »Es ist, wie es ist« zum Motto. Was nutzt es Ihnen, wenn Sie lange grübeln, ob Sie mit Ihrem Entschluß vielleicht zu hart, zu ungeduldig oder zu wenig kompromißbereit sind? Entscheidend ist, daß Sie erkannt haben, daß es für Sie beide keine gemeinsame Zukunft gibt. Vergessen Sie nicht, daß es um *Ihr Glück* geht. Außerdem werden Sie sich wundern, wie ungeheuer schnell er sich tröstet, sobald klar ist, daß es wirklich kein Zurück mehr gibt. Das klingt jetzt vielleicht zynisch, ist aber eine Erfahrung, die ich schon häufig in meiner Praxis und im Freundeskreis miterleben konnte.

Maria zum Beispiel hatte die größten Skrupel, ihren Freund im Elend zurückzulassen. Er ertränkte seinen Kummer in Alkohol, lief mit rotgeränderten Augen und Dreitagebart herum und vernachlässigte seine Arbeit. Immer wieder rief er Maria an und beschwor sie, doch noch mal in Ruhe über alles zu sprechen. Maria blieb eisern, obwohl sie sich große Sorgen um ihn machte und von Schuldgefühlen geplagt wurde. Es dauerte keine drei Monate, da zog an Marias Stelle eine Neue bei ihm ein.

Lassen Sie sich vor allem nicht einreden, daß Sie es sind, die ein Problem hat. Etwa, wenn Sie beide sexuell nicht harmonieren, und er behauptet, Sie seien frigide. Oder wenn Sie unter seiner distanzierten Art leiden und er Ihnen einreden will, Sie klammern zu sehr. Mit einem anderen Mann können sich solche Schwierigkeiten sehr schnell auflösen.

Lassen Sie sich nicht erpressen

Besonders schwierig ist es, sich zu trennen, wenn der Partner darauf in extremer Form reagiert. Als eine Klientin von mir nach einigen Wochen eine Beziehung lösen wollte, in der sie sich schlecht fühlte, drohte ihr Freund damit, sich umzubringen.

Manche Männer wollen auch durch Psychoterror eine Fortsetzung erzwingen. Die Journalistin Ildiko von Kürthy hat darüber vor einiger Zeit in BRIGITTE eine sehr eindringliche Reportage verfaßt. Sie beschreibt, wie Frauen von verlassenen Männern mit Telefonanrufen, übler Nachrede und Gewalt so terrorisiert wurden, daß sie sich nur noch durch polizeilichen Schutz oder den Umzug in eine andere Stadt retten konnten.

Drohungen jeder Art sind durchaus ernst zu nehmen. Schützen Sie sich davor, und organisieren Sie Hilfe. Lassen Sie sich aber trotzdem nicht in Ihrem Entschluß irre machen. Erpressung ist keine Basis für eine Beziehung. Deshalb sollten weder Schuldgefühle noch Angst Sie darin verharren lassen.

Quälen Sie sich nicht durch Unschlüssigkeit

Wenn Sie sich im »dritten Schritt« dieses Buches mit Ihrer Zwiespältigkeit auseinandergesetzt haben, brauchen Sie davor jetzt keine Angst mehr zu haben. Sie dürfen sicher sein, daß Ihre Entscheidung gegen einen unpassenden Partner nicht bedeutet, daß Sie unbewußt vor einer Beziehung schlechthin flüchten. Machen Sie sich also nicht durch unnötige Bedenken verrückt. Vor allem die folgenden sind in den meisten Fällen eine völlig unnötige Bremse:

■ So einen Mann wie diesen bekomme ich nie wieder. Deshalb sollte ich mich mit seinen Schwächen abfinden.

■ Vielleicht liegt es ja nur an mir, daß unsere Beziehung nicht gut ist. Ich sollte mehr an mir arbeiten.

■ Ich muß ihm Zeit lassen. Er ändert sich bestimmt noch.

Solche Überlegungen führen nur dazu, daß Sie in einer »Besser-als-nichts«-Beziehung verharren und Ihr Glück auf eine ungewisse Zukunft verschieben.

Erinnern Sie sich bitte noch einmal an den »ersten Schritt« in diesem Buch: Wenn Ihr Herz, Ihre Wohnung, Ihre Zeit und Ihre Energie besetzt sind, findet kein neuer Partner dort Platz. Sie müssen schon klare Verhältnisse schaffen. Letztlich ist ein radikaler Schnitt im Moment zwar schmerzhaft, aber für alle Beteiligten besser, als sich langsam aus der Beziehung zu schleichen.

Männer sind anders

Schade wäre es allerdings, wenn Sie einen Partner nur deshalb ablehnen, weil Sie beide einander mißverstehen. Aus diesem Grund möchte ich mit Ihnen gerne einen kleinen Ausflug in die Kommunikationspsychologie machen. Möglicherweise finden Sie so eine Erklärung für einiges, das Sie bisher an einem Mann gestört hat.

Deborah Tannen, Professorin für Linguistik an der US-amerikanischen Georgetown-Universität, hat den Gesprächsstil von Männern und Frauen analysiert. Sie kommt zu dem Schluß, daß es Unterschiede gibt, die sich gravierend auf die Beziehung auswirken können. Wir nehmen zum Beispiel einen Mann leicht als desinteressiert, herrschsüchtig und unnahbar wahr, obgleich seine Art zu reden in Wirklichkeit nur den Stil widerspiegelt, den er schon als Junge gelernt hat. Oder wir stoßen uns an scheinbar autoritärem Gehabe, ohne uns bewußt zu machen, daß dies eher einem männlichen Kommunikationsstil als einem tatsächlichen Überlegenheitsgefühl entspricht. Deshalb ist es wichtig, daß wir die Gesetzmäßigkeiten kennen, nach denen sich Männer verhalten, anstatt von vornherein unsere eigenen Maßstäbe auf sie zu übertragen:

■ Männer stellen viel seltener persönliche Fragen. Sie neigen zu der Ansicht: »Wenn sie mir etwas mitteilen will, wird sie das schon tun.« Während Fragen für uns Frauen mehr ein Zeichen von Nähe und Ausdruck liebevollen Interesses sind, empfinden Männer sie eher als aufdringlichen Eingriff in ihre Intimsphäre.

■ Wir Frauen äußern uns im Gespräch häufig zustimmend. Durch Signale wie Kopfnicken oder »hm« möchten wir zum Sprechen ermutigen und signalisieren, daß wir aufmerksam sind. Ein Mann reagiert in der Regel nur so, wenn er dem, was er hört, inhaltlich zustimmt. Von daher kann es geschehen, daß er unsere Signale als Zustimmung interpretiert und sich später getäuscht fühlt, wenn wir eine andere Meinung vertreten.

■ Männer werfen während eines Gespräches oft Kommentare ein, anstatt zu warten, bis ihr Gegenüber zu Ende gesprochen hat. Sie bestreiten und bezweifeln auch eher Äußerungen der anderen und verkünden ihre Meinung oft sehr kategorisch, z. B.: »Das ist doch Unsinn.«

■ Wenn wir unter uns sind, teilen wir uns unsere Gefühle mit. Männer dagegen sprechen miteinander nur ungern über persönliche Themen. Lieber weichen sie auf Sport oder Politik aus. Ein Beispiel dafür: Mariannes Mann spielte seit vielen Jahren in einer festen Skatrunde. Einer aus dem Kreis war kürzlich von seiner Frau verlassen worden. Als ihr Mann vom Skatabend nach Hause kam, fragte Marianne ihn: »Wie geht es eigentlich Klaus?« Die Antwort war: »Keine Ahnung, über so was haben wir nicht geredet.«

■ Wir Frauen reden über Probleme, indem wir einander Erfahrungen mitteilen und uns gegenseitig bestätigen. Männer glauben, wenn wir mit ihnen ein Problem ansprechen, wollen wir einen guten Rat und nicht bloß ein offenes Ohr.
Deborah Tannen bringt dazu ein Beispiel aus ihrem Freundeskreis: Eve hatte sich einen Knoten aus der Brust entfernen lassen und war unglücklich über die Narbe. Ihre Schwester reagierte verständnisvoll: »Ja, ich weiß, nach meiner Operation habe ich auch lange gebraucht, um mich an die Narbe zu gewöhnen.« Eves Mann sagte: »Wenn dich die Narbe stört, kannst du ja zum Schönheitschirurgen gehen, um sie zu kaschieren und deine Brustform korrigieren zu lassen.« Bei Eve kam an, sie solle sich wieder unters Messer begeben. Wutend protestierte sie: »Ich werde mich nicht noch mal operieren lassen, bloß weil dir mein Busen nicht gefällt.« Ihr Mann fiel aus allen Wolken, denn er hatte ihr mit seinem Lösungsvorschlag ehrlich helfen wollen.

Diese Erläuterungen sollen dazu dienen, eine Brücke zwischen den Geschlechtern zu schlagen, nicht als Alibi für Männer, sich nicht um Gefühle zu kümmern. Sie werden in dieser Hinsicht von uns Frauen noch einiges lernen müssen, genauso wie wir von ihnen übernehmen sollten, direkter und klarer unsere Meinung zu sagen. Da es bis zu diesem Ziel gewiß noch ein gutes Stück Weg ist, hilft es vielleicht, wenn wir in der Übergangszeit eine Art Übersetzungshilfe füreinander im Kopf haben.

Den Richtigen finden

Nachdem wir hoffentlich die meisten Möglichkeiten, an einen falschen Mann zu geraten, ausgeschaltet haben, ist es an der Zeit, zu überlegen, wie denn der richtige aussehen soll.

»Der Mann für dich muß wohl erst noch gebacken werden«, pflegte meine Nachbarin zu ihrer wählerischen Tochter zu sagen. Etwas Ähnliches hören wir vermutlich alle, wenn wir mitteilen, wie wir uns den Partner fürs Leben vorstellen. Plötzlich fühlt sich jede(r) bemüßigt, uns auf den Boden der Realität zurückzuholen. »Man kann nicht alles haben« oder »Man muß schließlich Kompromisse machen« sind typische Ratschläge, die uns davon abhalten sollen, Ansprüche zu stellen. Aber warum sollten wir uns eigentlich bescheiden? Was für den Beruf gilt, läßt sich auch auf die Liebe anwenden: Wenn wir unsere Ziele hoch stecken, erreichen wir etwas. Falls Sie der Überzeugung sind, daß Sie Ihr Gehalt verdoppeln können, werden Sie es bei vollem Einsatz wohl auch schaffen. Halten Sie es dagegen für unmöglich, bleibt garantiert alles beim alten.

Wenn wir annehmen, bestimmte Eigenschaften eines Partners kämen für uns nicht in Frage, steckt dahinter meist ein Minderwertigkeitsgefühl. Wir glauben: »So einen Mann bin ich nicht wert.« Das Dumme ist nur, daß mit falscher Bescheidenheit die Ansprüche nicht automatisch verschwinden. Wünsche lassen sich nun mal nicht einfach wegdenken. Scheinbare Vernunftgründe führen höchstens dazu, daß wir uns mit einem Mann zusammentun, der uns nicht entspricht und an dem wir dann heimlich doch immer zweifeln werden.

Wie soll er sein?

Ich möchte Sie deshalb ermutigen, sich erst einmal ohne jede Zensur über Ihre Wünsche klarzuwerden. Unsere Sehnsüchte sind ein wichtiger Hinweis darauf, was wir brauchen und womit wir glücklich werden. Deshalb sollten wir sie uns sehr genau anschauen. Ob die Ansprüche tatsächlich zu hoch sind, läßt sich dann immer noch überprüfen.

■ Schreiben Sie bitte auf, wie Sie sich Ihren Mann wünschen. Schwelgen Sie dabei ausgiebig in sämtlichen Eigenschaften, die Ihnen gefallen. Vielleicht lassen Sie sich von der folgenden Wunschliste anregen:

- Er ist größer als ich.
- Er ist nicht zu dünn, eher was zum Kuscheln. Aber dick darf er auch nicht sein.
- Er ist ein brünetter Typ.
- Er sieht gut aus, eher interessant als schön.
- Er interessiert sich für Kunst, besonders für Theater, Kino und Malerei.
- Er kleidet sich sportlich-elegant.
- Er hat beim Einrichten der Wohnung den gleichen Geschmack wie ich. Zumindest läßt er mir dabei freie Hand.
- Er teilt sich mit mir die Hausarbeit.
- Er ist kein Macho und kein Pascha.
- Er hat Freude am Leben.
- Er ist unternehmungslustig (keine Betriebsnudel).
- Er redet über seine Erlebnisse und Gefühle.
- Er macht sich Gedanken über andere Menschen.
- Er ist zärtlich.
- Er ist treu.
- Er ist ein guter Vater.
- Er ist ein guter Liebhaber.
- Er verwöhnt mich.
- Er nimmt unsere Liebe genauso wichtig wie seinen Beruf.
- Er ist erfolgreich in seinem Beruf.

* Er läßt mir viel Freiheit.
* Er ist selbstbewußt.
* Ich kann mit ihm über alles reden.

Vielleicht soll Ihr Idealpartner lieber Motorradfahrer als Theater-fan sein oder eher leidenschaftlich statt zärtlich. Es kommt nur darauf an, daß Sie Ihr Bild von Ihrem Traum-Mann einmal fixie-ren. Und nun gewichten Sie bitte die Eigenschaften auf Ihrer Liste:

■ Welche Eigenschaften sind für Sie absolut unverzichtbar, wo würden Sie in keinem Fall Abstriche machen wollen?
Schreiben Sie diese auf eine neue Liste.

■ Gehen Sie diese zweite Liste durch, und prüfen Sie, ob Eigen-schaften dabei sind, die einander auf den ersten Blick ausschlie-ßen. Es dürfte beispielsweise schwierig sein, einen Mann zu fin-den, der in seinem Beruf sehr engagiert ist und gleichzeitig viel Zeit für die Familie hat.
Überlegen Sie bitte, welche dieser beiden konträren Eigenschaften Ihnen jeweils wichtiger ist, und streichen Sie die andere durch.

Eigenschaften, auf die Sie achten sollten

Sie haben Ihr individuelles Bild von einem zukünftigen Partner er-stellt. Darüber hinaus gibt es aber noch einige grundsätzliche Eigenschaften, die Sie für eine gute Beziehung auch berücksichti-gen sollten. Barbara de Angelis meint sogar: »Der Schlüssel, den richtigen Partner zu finden, ist, nach einem Mann mit einem guten Charakter zu suchen, nicht nur nach einem mit einer guten Persön-lichkeit.« Sie betont, daß sich der Charakter eines Mannes darauf auswirkt, wie er mit sich selbst, mit seiner Frau und mit seinen Kin-dern umgeht. Die folgenden Qualitäten spielen dabei eine große Rolle:

- **Er ist zu persönlichem Wachstum bereit.**
In der Humanistischen Psychologie spricht man von »Personal Growth«, von persönlichem Wachstum, wenn ein Mensch bereit ist, sich weiterzuentwickeln. Er ist in der Lage, sich mit sich und seiner Umwelt auseinanderzusetzen, an seinen Schwächen zu arbeiten und sich zu verändern.

- **Er ist emotional offen.**
Männer und Frauen haben zwar eine unterschiedliche Art, Gefühle zu zeigen, das heißt aber nicht, daß wir von unserem Partner keine Gefühle erwarten dürfen. Im Gegenteil, er sollte sich ihrer bewußt sein und sie auch ausdrücken können.

- **Er ist integer.**
Dazu gehört, daß er vertrauenswürdig ist, daß man sich auf ihn verlassen kann, daß er loyal und ehrlich ist. Kurz gesagt: Sie müssen sich bei ihm sicher und geborgen fühlen.

- **Er schätzt sich selbst.**
Gemeint ist nicht eine egozentrische Einstellung, sondern Selbstachtung. Ihr Partner kann Sie nur in dem Maße lieben, in dem er sich selbst liebt.

- **Er hat eine positive Einstellung zum Leben.**
Ob Sie sich mit einem Optimisten oder einem Pessimisten zusammentun, kann Ihr Lebensgefühl entscheidend beeinflussen. Während der erste bei Problemen aktiv nach Lösungen sucht, glaubt der zweite nicht daran, daß sich etwas ändern läßt. Offenheit steht gegen Mißtrauen, Schwung gegen Lähmung.

Sie werden vermutlich kaum den Idealmann finden, der alle diese Eigenschaften bereits voll entwickelt hat, doch in Ansätzen sollten sie schon vorhanden sein. Und Sie sollten das Gefühl haben, daß er bereit ist, etwas für sich zu tun.

Ihre Lebenskonzepte müssen ähnlich sein

Noch eine letzte wichtige Ergänzung zu Ihrer Wunschliste: Es reicht nicht aus, wenn ein Partner unsere vielfältigen persönlichen Ansprüche erfüllt. Darüber hinaus müssen sich seine Vorstellung von Partnerschaft und seine Lebensplanung mit unserer decken. Sonst werden wir in der Beziehung leiden, egal wie gut wir uns verstehen.

Vor einem halben Jahr hatte Marlene, eine fünfunddreißigjährige Bibliothekarin, den Mann ihres Lebens gefunden. Hans hatte alles, was sie sich immer gewünscht hatte. Er war sensibel, zärtlich und interessant. Und nun saß Marlene in meiner Praxis und war trotz allem todunglücklich. Hans wollte nämlich grundsätzlich kein Kind – und für Marlene tickte die biologische Uhr. Sie wußte nicht, wie sie sich entscheiden sollte. Sollte sie Hans verlassen, obwohl sie ihn liebte, nur, weil sie ein Kind wollte?

Bei Unvereinbarkeit schon in einem einzigen Punkt des Lebenskonzeptes kann Ihre Beziehung zum Scheitern verurteilt sein oder Ihnen zumindest viel Kummer bereiten. Gehen Sie in keinem Fall darüber hinweg, sondern klären Sie das gleich zu Anfang.
Prüfen Sie, ob Sie in den folgenden Einstellungen übereinstimmen:

- Wollen Sie beide Kinder?
- Haben Sie die gleiche Vorstellung von Treue innerhalb einer Beziehung?
- Sind Sie sich einig, wieviel Freiheit jeder haben darf?
- Haben Sie die gleiche Einstellung zur Rolle von Mann und Frau?
- Haben Sie eine ähnliche Einstellung, was Beruf und Karriere betrifft?
- Wünschen Sie die gleiche Form der Verbindung, z. B. Heirat, Zusammenleben ohne Trauschein, lockere Beziehung?

Märchenprinzen gibt es nicht

Keine Sorge, ich will Sie nicht hintenherum dazu bringen, nun doch an Ihrer Wunschliste herumzustreichen. Sie haben selbstverständlich ein Recht auf Ihre Ansprüche. Wenn ich Sie darum bitte, trotzdem flexibel zu bleiben, heißt das nur, daß Sie keine starre Schablone daraus machen sollten. Menschen sind so vielfältig, daß sie sich nicht einfach in ein Raster pressen lassen. Falls wir strikt darauf beharren, so und nicht anders müsse unser Liebster aussehen, gehen wir vielleicht an den Männern vorbei, die zwar nicht haargenau unser Idealbild treffen, aber ebensogut zu uns passen.

Susan Page kann das aus eigener Erfahrung bestätigen: Zielstrebig und konsequent war sie auf der Suche nach einem Partner und hatte genaue Vorstellungen von ihrem Ideal-Mann. Er sollte gut aussehen und Akademiker sein, am besten Professor. Auf der Party einer Freundin traf sie dann ihren zukünftigen Mann: Er hatte kaum noch Haare auf dem Kopf und verdiente sein Geld als Keramiker – aber er besaß alles, was für sie wirklich wichtig war, nämlich Stärke, Warmherzigkeit und Zärtlichkeit.

Susan Page zieht daraus ihr Fazit: »Ich habe ein für allemal gelernt, daß das Schicksal selten so daherkommt, wie man es sich ersehnt. Wenn man sich die Einzelheiten seines Lebenstraumes ausmalt, kann man sicher sein, daß es bestimmt nicht so kommen wird. Wenn man seinen Träumen nachjagt, erhält man die Substanz seines Traumes, aber wahrscheinlich nicht in irgendeiner spezifischen Form, die man sich ausgemalt hat.«

Auch der für uns ideale Partner hat mit Sicherheit seine Schwächen. Vielleicht wirkt er zu still, wenn wir Gäste eingeladen haben. Oder ihm liegt es nicht, uns Komplimente zu machen. Möglicherweise zeigt er nicht genug Ehrgeiz, um in seiner Firma weiterzukommen. Es kann sein, daß er gerne ein bißchen angibt, daß er sich aus Pop-Musik nichts macht, daß er manchmal zu besitzergreifend ist, daß er Probleme mit der Ordnung hat. Die Liste ließe sich beliebig verlängern. Wir müssen damit rechnen, daß der Mann unseres Lebens kein Märchenprinz ist, sondern in bestimmten Punkten eine gehörige Portion Toleranz von uns verlangt. Das Zusammenleben mit ihm wird nicht nur eitel Sonnenschein sein, sondern auch Arbeit bedeuten. Wenn wir auf einen vollkommenen Mann warten, blockieren wir uns. Marianne Williamson sagt: »Der Gedanke an eine besondere Person, die da draußen existiert und uns erlösen wird, ist eine Schranke vor der Liebe.« Es ist zwar wichtig, genau zu wissen, worauf wir nicht verzichten wollen, aber deshalb sollten wir trotzdem kein unerreichbares Ideal verlangen. Sonst müssen wir wahrscheinlich allein bleiben.

Sie wissen, wie er sein soll – und nun?

Sie haben sozusagen am grünen Tisch die Eigenschaften Ihres idealen Partners entworfen und fragen sich jetzt sicher, wie Sie dieses Bild auf die Realität übertragen sollen. Schließlich können Sie nicht zum ersten Treffen gleich Ihre Liste mitbringen und sie Punkt für Punkt abhaken. Im Prinzip jedoch funktioniert die Partnersuche auf längere Sicht gesehen genauso.

Sie müssen Ihren potentiellen Partner in den Bereichen beobachten, die Sie für sich als wichtig erkannt haben. Zum Beispiel: Wie verhält er sich, wenn Sie mit Triefnase und Husten im Bett liegen? Geht er nur mit Ihnen weg, wenn Sie toll zurechtgemacht sind? Sieht seine Wohnung aus, als wäre ein Hurrican durchgefegt? Wie redet er über seine früheren Partnerinnen?

Zusätzlich sollten Sie genügend Fragen stellen. Natürlich sind Sie so klug, keine Inquisition zu veranstalten. Wenn Sie sich bereits am ersten Abend erkundigen: »Wollen Sie Kinder?« oder »Was verdienen Sie denn so?«, werden Sie wohl jeden Mann von vornherein verprellen. Doch im Gespräch werden meist ohnehin verschiedene Themen angeschnitten, bei denen es Möglichkeiten gibt, unverfänglich nachzufragen.

Halten Sie unbedingt die Augen offen, und seien Sie nicht vor Liebe blind. Die ganze Mühe und die vielen Gedanken, die Sie sich bis hierher gemacht haben, dienen schließlich dazu, daß Sie bekommen, was Sie wollen.

Befragen Sie auch ruhig einmal wirklich gute Freunde, welchen Eindruck sie von Ihrem neuen Bekannten gewonnen haben. Mir ist wohl bewußt, daß das eine recht zweischneidige Angelegenheit ist, weil Sympathie und Antipathie, Eifersucht und Vorurteile der anderen hier mit hineinspielen können. Dennoch glaube ich, daß Menschen, die Sie lieben, auch ein gutes Auge für Sie haben und viel leichter erkennen, welche Schattenseiten Ihr neuer Freund hat. Hören Sie sich deshalb ihre Kritik zumindest an, ohne gleich beleidigt zu reagieren.

Das letzte Wort hat Ihre innere Stimme

Während einer therapeutischen Fortbildung sagte ein Teilnehmer anerkennend zu der Leiterin: »Sie treffen intuitiv immer das Richtige.« Sie antwortete: »Ja, wenn Sie darunter verstehen, daß meine Intuition die Summe meines Wissens gepaart mit meinem Gefühl ist.«

Ich bin sicher, daß diese Kombination inzwischen auch für Sie gilt. Wenn Sie alle Schritte sorgfältig gegangen sind, haben Sie sich viele Informationen über sich selbst und darüber, worauf es für Sie bei einem Partner ankommt, erarbeitet. Sie dürfen sich nun auf Ihre Intuition verlassen. Ihre innere Stimme wird Sie warnen, wenn Sie lieber die Finger von einer Verbindung lassen sollten. Und sie wird Ihnen Mut machen, das Wagnis einer Partnerschaft einzugehen, wenn es der passende Mann ist.

Sie haben jetzt alles in der Hand, um sich richtig zu entscheiden. Vertrauen Sie auf sich.

Zum Schluß

Am liebsten würde ich diesem Buch nun noch einen Zauberstab beilegen, damit Sie auch auf der Stelle dem richtigen Partner begegnen. Aber leider geht das nicht – und eigentlich ist auch gar kein Zauberstab nötig. Ich bin sehr sicher, daß nach all der inneren und äußeren Vorarbeit, die Sie bis hierher geleistet haben, der richtige Mann schon kommen wird. Woher ich diese Gewißheit nehme, möchte ich Ihnen mit der folgenden Geschichte zeigen: Vor einem Jahr leitete ich ein Seminar mit dem Thema »Von der Liebe enttäuscht – ich gerate immer an den Falschen«. Eine der Teilnehmerinnen war Ida, eine zweiunddreißigjährige Dolmetscherin. Ida hatte bisher nur frustrierende Beziehungen hinter sich. Seit drei Jahren lebte Ida alleine.

Während des Seminars fand sie heraus, warum ihre Beziehungen bisher so unglücklich verliefen. Sie hatte nie gewagt, selbst auf einen Mann zuzugehen, der ihr gefiel, sondern immer brav gewartet, bis sie ausgesucht wurde. Damit hatte sie unglücklicherweise Männer in ihr Leben gelassen, die nicht zur ihr paßten.

Am Ende des Seminars war Ida fest entschlossen, das zu ändern. Innerlich gestärkt und viel selbstbewußter fuhr sie nach Hause. Fünf Monate später traf ich sie zufällig bei einem Vortrag. Strahlend zeigte sie mir ihre linke Hand, an der sie einen goldenen Ring trug, und sagte: »Ich habe mich verlobt.« Ich freute mich mit ihr und fragte etwas neugierig: »Wann hast du deinen Verlobten denn kennengelernt?« Ihre Antwort verblüffte selbst mich Optimistin: »An dem Tag, an dem ich vom Seminar nach Hause kam.« Und dann sagte sie etwas sehr Schönes: »Günther gehörte schon vorher lose zu meinem Bekanntenkreis. Aber erst nachdem sich bei mir innerlich etwas geändert hatte, konnte ich ihn wirklich sehen.«

Anhang

Therapie-Hinweise

Möglicherweise haben Sie beim Lesen festgestellt, daß Sie Erlebnisse aus Ihrer Vergangenheit oder bestimmte Verhaltensweisen lieber mit fachlicher Hilfe bearbeiten wollen. Dazu möchte ich Ihnen einen Leitfaden geben. (Wenn ich im folgenden für Psychotherapeutinnen und Psychotherapeuten immer nur die weibliche Form nenne, gilt das für beide Geschlechter.)

Wo bekommen Sie therapeutische Hilfe?

In jeder Stadt gibt es Beratungsstellen, die von öffentlichen Trägern eingerichtet sind, z. B. von der Stadt, den Wohlfahrtsverbänden, Universitäten und Kirchen. Sie sind überwiegend mit Psychologinnen oder geschulten Beraterinnen besetzt und stehen allen Ratsuchenden offen, unabhängig von der Weltanschauung. Die meisten nennen sich »Beratungsstellen für Paar-, Familien- und Lebensfragen« und finden sich unter dieser Bezeichnung im Telefonbuch. In größeren Städten gibt es häufig auch Frauenberatungsstellen und Therapiezentren. Oft haben auch die Sozialämter entsprechende Broschüren mit Adressen zusammengestellt. Das Angebot in allen diesen Einrichtungen ist entweder kostenlos, oder es wird eine Spende gemäß dem Einkommen gewünscht.

Außerdem gibt es freie Praxen, in denen psychologische Beratung und Therapie angeboten wird. Hinweise darauf finden Sie im Branchenbuch unter dem Stichwort »Psychologie / Psychotherapie«. Sie erhalten auch entsprechende Listen bei Ihrer Krankenkasse.
Die Kosten dafür werden entweder von den Krankenkassen getra-

gen oder müssen privat bezahlt werden. Welche Finanzierungs-
möglichkeiten über Ihre Kasse bestehen, sollten Sie vor Beginn
einer Therapie klären.

Worauf Sie bei einer Psychotherapeutin achten müssen

■ Fragen Sie nach der Qualifikation.
Die Berufsbezeichnung »Diplom-Psychologin« (Bezeichnung für
den Universitätsabschluß in Psychologie) oder »Ärztin« sagt
noch nicht viel über die speziellen psychotherapeutischen Kenntnisse aus. Die Qualifikation zur Psychotherapeutin wird, auf der
Basis des Psychologie- oder Medizinstudiums, erst durch eine
mehrjährige Zusatzausbildung in einer gewählten Therapieme-
thode erlangt.

Bei den vielen Therapieangeboten, die meist in Kleinanzeigen der
Zeitungen oder Fachzeitschriften zu finden sind, ist große Vorsicht
geboten.

Sie sollten deshalb darauf achten, daß Sie von einer Diplom-Psychologin oder Ärztin mit psychotherapeutischer Zusatzausbildung
behandelt werden.

■ Prüfen Sie, ob Sie zu der Psychotherapeutin Vertrauen haben
können.
Sympathie und Vertrauen sind unerläßliche Bedingungen für den
Therapieprozeß. Wichtig ist auch, daß Sie beide gleiche Wertvorstellungen haben, z. B. über Moral, Lebensstil oder die Rolle
der Frau in unserer Gesellschaft ähnlich denken.
Nehmen Sie Ihre Gefühle in dieser Hinsicht sehr ernst. Lassen Sie
sich nicht durch einen Titel, Bekanntheit oder durch die Tatsache,
daß Sie endlich einen Platz bekommen haben, dazu verführen, aus-
zuharren, wenn dieser Punkt für Sie nicht stimmt. Sprechen Sie das

Problem an. Wenn sich dadurch nichts ändert, wechseln Sie nach einigen Sitzungen gegebenenfalls die Therapeutin.

Welche Therapieform ist die beste?

Das kommt auf Ihr Problem und Ihr Naturell an. Die einzelnen Methoden hier vorzustellen würde den Rahmen dieses Buches sprengen. Am besten informieren Sie sich mit Hilfe der inzwischen zahlreichen Wegweiser zur Psychotherapie. Suchen Sie sich die Therapieform aus, die Sie anspricht. Wie Untersuchungen belegen, ist letztlich die Persönlichkeit der Therapeutin für den Erfolg ausschlaggebender als die Methode.

Wie verläuft eine Psychotherapie?

Sie führen ein unverbindliches Erstgespräch (auch das kostet etwas), auf dessen Basis Sie und die Therapeutin entscheiden, ob Sie beide zusammenarbeiten wollen. In diesem Gespräch sollten Sie auch die finanziellen Bedingungen klären und sich nach der Qualifikation und Berufserfahrung der Therapeutin erkundigen. Kompetente Therapeutinnen werden auf Ihre Fragen präzise antworten.

Nach diesem Gespräch müssen Sie sich erst mal auf eine Wartezeit gefaßt machen, da gute Therapeutinnen meist auf längere Zeit ausgebucht sind. Melden Sie sich deshalb so früh wie möglich an.

Gewöhnlich geht man von einer Sitzung mit einer Stunde pro Woche aus. Wie lange die gesamte Therapie dauert, bestimmen Sie – wobei die Therapeutin aus fachlicher Sicht eine Empfehlung aussprechen wird. Eine mittelfristige Therapie dauert etwa sechs bis achtzehn Monate, eine Langzeittherapie zwei Jahre und mehr. Je nach Bedarf sind aber auch kurze Therapien, sogenannte »Fokal-Therapien« (von »focus« = Brennpunkt), zu bestimmten Problemen möglich.

Vorsicht vor schwarzen Schafen

Lassen Sie sich durch diese Warnung bitte nicht von einer Beratung oder Behandlung abschrecken. Die meisten Fachleute arbeiten verantwortungsvoll. Dennoch ist es wichtig, zu wissen, daß es, wie überall, auch unseriöse Vertreter dieses Berufes gibt.

Zweifel an Ihrem Therapeuten oder Ihrer Therapeutin sind angebracht, wenn sie

◆ direkt oder indirekt Zwang ausüben;
◆ Ihnen Vorschriften machen, was Sie tun sollen;
◆ Ihre Grenzen nicht respektieren: Verantwortungsvolle Therapeuten/innen nutzen ihre Macht nicht aus, setzen Sie z.B. nicht unter Druck, wenn Sie bestimmte Übungen nicht machen wollen;
◆ zu Ihnen in sexuellen Kontakt treten wollen.

Es kann sein, daß Sie sich im Verlaufe einer Behandlung in Ihre(n) Therapeuten/in verlieben. Das kommt häufig vor und ist ganz normal. Diese Tatsache darf aber von Therpeuten/innen niemals ausgenutzt werden. Sexuelle Beziehungen in der Therapie sind eindeutig auf jeden Fall schädlich. Sie sollten nicht zögern, Ihre Erfahrung an geeigneter Stelle mitzuteilen, z.B. beim Ehrengericht der Berufsverbände (Berufsverband Deutscher Psychologen, Ärztekammer) oder den Frauenzentren in Ihrer Stadt.

Anlauf-Adressen

Die von den folgenden Therapieverbänden empfohlenen TherapeutInnen besitzen eine gründliche Zusatzausbildung in der jeweiligen Methode und unterliegen einer fachlichen Supervision (Überwachung), was ihre Fortbildung betrifft. Wenn Sie eine in der entsprechenden Methode praktizierende Therapeutin an Ihrem Wohnort suchen, wenden Sie sich bitte an die folgenden Adressen (Stand Dezember 1994). Sie erhalten dort entsprechende Hinweise.

Fritz Perls Institut für Integrative Therapie,
Gestalttherapie und Kreativitätsförderung
Wefelsen 5, 42499 Hückeswagen, Tel. 021 92/85 80

Deutsche Gesellschaft für Verhaltenstherapie e. V.
Neckarhalde 55, 72070 Tübingen, Tel. 07071/94 34 11 oder
94 34 12
(gibt Anschriften von örtlichen Beratungsstellen weiter)

Gesellschaft für wissenschaftliche Gesprächspsychotherapie e. V.,
Bundesgeschäftsstelle
Richard-Wagner-Straße 12, 50674 Köln, Tel. 02 21/9 25 90 80

Psychotherapie-Informations-Dienst (PID)
des Berufsverbandes Deutscher Psychologen
Heilsbachstraße 22, 53123 Bonn, Tel. 02 28/74 66 99

Bücherliste

Bücher können fast so intensiv wirken wie eine Therapie, sie lassen sich zum Selbststudium und zur Aufmunterung benutzen. Ich möchte Ihnen hier Bücher empfehlen, die mir oder Klientinnen viel gebracht haben und/oder die ich im Text erwähnt habe. Diejenigen, die mit einem Viereck versehen sind, lohnen meiner Meinung nach besonders, immer mal wieder zur Hand genommen zu werden, und eignen sich hervorragend für Ihre »Psycho-Bibliothek«:

Für mehr Selbstbewußtsein

❑ *Dyer, Wayne:* Der wunde Punkt. Die Kunst, nicht unglücklich zu sein. Rowohlt Taschenbuch Verlag, Reinbek 1980.
Für alle, die sich bisher ängstlich und übermäßig angepaßt verhalten und dadurch ihre wahre Persönlichkeit unterdrückt haben. Sie können lernen, mehr Verantwortung für sich selbst zu übernehmen.

❑ *Helmstetter, Shad:* Anleitung zum positiven Denken. Ein praktischer Ratgeber zur Aktivierung des Unterbewußtseins. PAL Verlag, Mannheim 1995.
Dies Buch hat nichts mit den üblichen »Denke positiv und alles wird gut«-Ratgebern gemeinsam. Es gibt Erläuterungen, wie man mit inneren Selbstgesprächen ungeliebte Anteile der Persönlichkeit verändern kann.

❑ *Jeffers, Susan:* Selbstvertrauen gewinnen. Die Angst vor der Angst verlieren. Kösel Verlag, München 1997.
Die Autorin hat ein gutes Programm entwickelt, um Ängste zu

überwinden, Selbstvertrauen zu steigern und insgesamt mehr Lebensfreude zu gewinnen. Sie macht mit vielen Beispielen Mut, das Leben aktiv zu gestalten.

Zu Hintergründen der Partnerwahl

Norwood, Robin: Wenn Frauen zu sehr lieben. Die heimliche Sucht, gebraucht zu werden. Rowohlt Taschenbuch Verlag, Reinbek 1990.
»Zu sehr lieben« bedeutet, sich für einen Partner selbst aufzugeben. Die Familientherapeutin untersucht, warum viele Frauen unbefriedigende und demütigende Beziehungen eingehen und an ihnen festhalten. Sie zeigt auch einen Weg heraus.

Willi, Jürg: Die Zweierbeziehung. Spannungsursachen, Störungsmuster, Klärungsprozesse, Lösungsmodelle. Analyse des unbewußten Zusammenspiels in Partnerwahl und Partnerkonflikt: das Kollusionskonzept. Rowohlt Taschenbuch Verlag, Reinbek 1996.
Der Autor zeigt auf psychoanalytischer Basis, wie Paare sich in ihren Problemen unbewußt ergänzen. Der »Falsche« kann psychologisch gesehen zunächst durchaus der »Richtige« sein. Wegen der Fachbegriffe, die allerdings erläutert werden, ist das Buch nicht einfach zu lesen. Trotzdem ein Standardwerk, das sich lohnt.

Zur Bewältigung der Vergangenheit

Simon, Sidney und Suzanne: Verstehen, verzeihen, versöhnen. Wie man sich selbst und anderen vergeben lernt. Droemer Knaur Verlag, München 1993.
Die Verhaltenspsychologen zeigen Wege auf, alte Wunden zu heilen und sich von Gefühlen zu befreien, die sich letztlich gegen uns selbst richten.

Wolf, Doris: Wenn der Partner geht. Wege zur Bewältigung von Trennung und Scheidung. PAL Verlag, Mannheim 1996.
Die Psychologin beschreibt die Phasen der Trennung und gibt Übungen vor, wie man sie gut überwindet.

Für bessere Kommunikation zwischen Männern und Frauen

Beck, Aaron T.: Liebe ist nie genug. Mißverständnisse überwinden, Konflikte lösen, Beziehungsprobleme entschärfen. Deutscher Taschenbuchverlag, München 1994.
Falsches Denken ist die Hauptursache für psychische und soziale Störungen. Aus dieser Erkenntnis entwickelt Beck die Kognitive Therapie für Paare. Ein ausgezeichneter Ratgeber, um Vorurteile in Beziehungen zu erkennen und eine bessere Kommunikation zu erreichen.

❏ *Ellis, Albert:* Training der Gefühle. Wie Sie sich hartnäckig weigern, unglücklich zu sein. MVG-paperbacks, München 1996.
Ellis geht davon aus, daß wir viele Probleme selbst verursachen, indem wir unflexible oder überhöhte Erwartungen an uns selbst und andere Menschen haben. Mit Übungen leitet er dazu an, diese Hypothesen und unser Denken zu überprüfen. Sein Credo: Je realistischer und rationalisierter wir sind, desto weniger leiden wir.

Goldhor-Lerner, Harriet: Wohin mit meiner Wut? Wie Frauen ihre Beziehungen verändern, ohne sie zu zerstören. Fischer Taschenbuch Verlag, Frankfurt/Main 1992.
Dieses Buch leitet dazu an, das eigene Unbehagen in einer belasteten Partnerschaft angemessen auszudrücken und die Beziehung dadurch zu verändern.

Tannen, Deborah: Du kannst mich einfach nicht verstehen. Warum Männer und Frauen aneinander vorbeireden. Goldmann Verlag, München 1993.

Die Autorin belegt mit Erkenntnissen aus der Kommunikationswissenschaft, warum Männer und Frauen sich so häufig mißverstehen. Sie zeigt Wege zum besseren Verständnis zwischen den Geschlechtern auf.

❑ *Williamson, Marianne:* Rückkehr zur Liebe. Harmonie, Lebenssinn und Glück durch ›Ein Kurs in Wundern‹. Goldmann Verlag, München 1993.
Die Autorin erklärt in einer unsentimentalen Sprache spirituelle Grundprinzipien wie Vertrauen, Hingabe, Vergeben und Angstlosigkeit, vor allem in Hinblick auf Liebesbeziehungen. Ein gutes Buch für Frauen, die mit esoterischen Gedanken bereits vertraut sind.

Zunin, Leonard und Natalie: Kontakt finden. Die ersten vier Minuten. Scherz Verlag, München 1989.
Viele gute Beispiele, Übungen und Ratschläge, wie man die erste Begegnung bewußt gestalten und positiv nutzen kann.

Für die Suche nach dem passenden Partner

Larisch-Haider, Nina: Füreinander bestimmt. Wie Sie Ihren Seelenpartner finden. Heyne Verlag, München 1995.
Die Autorin geht davon aus, daß es für jeden Menschen den richtigen Partner gibt. Sie gibt praktische Hinweise und Übungen zur Verarbeitung alter Beziehungen und für eine neue Einstellung.

Page, Susan: Ich finde mich so toll – warum bin ich noch Single? Zehn Strategien, die Ihr einsames Dasein dauerhaft beenden. Droemer Knaur Verlag, München 1992.
Ein praktischer Ratgeber für alle, die allein sind und sich nach einem Partner sehnen, der zu ihnen paßt. Mit vielen Tests und Tips.

De Angelis, Barbara: Wie viele Frösche muß ich küssen? So finden Sie den richtigen Mann. Heyne Verlag, München 1996.

Die Autorin stellt ganz pragmatisch Listen auf, worauf man bei der Partnerwahl im positiven wie im negativen Sinn besonders achten sollte.